四十八願を語る

一願〜十六願

上

藤田徹文

探究社

はじめに

阿弥陀仏の「すくい」は死後だと思っている人は、二十一世紀の現在も多いと思います。

七十数年前に日本は大敗戦をしました。その一九四五（昭和二十）年八月十五日まで、日本は天皇の国でした。

敗戦後、日本は「主権在民」の国家に生まれ変わったはずです。

敗戦前の浄土真宗では、

生きて、天皇の赤子となり
死して、浄土の花嫁（花婿）に

と説いていました。（極端な一語ですが）この言葉に代表されるような法話や学びを、私たちの教団では長年にわたって続けてきました。

ですから、浄土真宗の門信徒の人たちが、阿弥陀仏の「四十八願」は、死後の楽しみを与えてくださる誓願だと思い込んできたのは仕方のないことです。

また、あまりご縁のない方が、阿弥陀仏の本願は死後の「すくい」を約束したものと理解するのも当然のことです。

この敗戦前までの浄土真宗の説き方、学び方が総括的に見直されることは一度もなく今日に至っています。

そのため、現在においても無条件で、「死んだら阿弥陀仏の浄土に往生する」と、何の衒《てら》いもなく口にする布教使や僧侶が少なくありません。

阿弥陀仏の四十八願は、『阿弥陀経』に説かれる「今現在説法（今、現にましまして法を説きたまふ）」なのです。

本書は、この視点に立って（私は四十代に四十八願を『人となれ仏となれ』の書名で出版しました）、改めて四十八願の一願一願を聞思し、ご縁の人に語り継いでいただくことを念願して、書き始めました。

そして、この年（七十五歳・二〇一六年）まで、お育てくださった「如来大悲の恩徳」はもちろんですが、数多くの同行・法友・先輩・師（多くの方はすでにご逝去）、そして実母に対する深い感謝の念で筆を運んでいます。

称　名

四十八願を語る　上

目次

第四章　凡夫に神通力を与えたい

第五章　「真実の利」を証す

第六章 「真仏・真土」を明かす

（本文中の頁数は『浄土真宗聖典（註釈版）』）

四十八願を語る　上

第一章　四十八願を語るこころ

一、『無量寿経』を正依の経典に選ぶ

①　大無量寿経　浄土真宗

仏教の歴史は、紀元前三八三年（中村説）にインド（インドとの国境に近いネパール）にお生まれになった釈尊（釈迦族の聖者）と尊称されたゴータマ・シッダルタが、二十九歳で出家（家族・親族・財産等を放棄して真実の道を求める）したことに始まります。

そして、三十五歳の時に、自分をはじめこの世のすべてのものは、縦横無尽《じゅうおうむじん》のつながり（関係・縁）が一つの大きな「はたらき」となって、存在していることに目覚めました。

すなわち、すべてのものを存在せしめ、生かしめているという「いのち」の法則（法）

に目覚められたのです。

この世に存在するもので、他の一切と無関係で、単独に存在しているものは、何一つとしてないという真実に目覚めたのです。釈尊は、すべてのものを存在せしめる法則を「縁起《えんぎ》の法」と名づけて教えてくださいました。

「縁起の法」に生かされている者の生きる道は、他の「いのち」を生かし、すべての存在を分け隔てすることのない「いのち」の歩み（利他行《りたぎょう》）をすべきです。

互いに自身の「いのち」をもって、精いっぱい他の「いのち」に尽くしていくべきところに「法」に目覚めたものの生き方があることを、釈尊は教えてくださいました。その説きぶりは、時と処と相手にふさわしいものでした。

② 人間をどう見るか

釈尊は人間のことを「器《うつわ》」（この身は多くの「はたらき」や「もの」を受容する入れもの）と教えてくださいました。また、人間を「機《き》」の言葉で表現されました。

「機」には「機微《きびん》」（表に現れないかすかなきざし）・「機関《きかん》」（他の活動を助けるもの）・「機《き》

宜《ぎ》」（時期よろしきをえる）と熟語されます。

人間は「機微」によって喜怒哀楽をあらわし、「機微」によって人生の方向が全く変わります。「機微」によって人生は左右されるのです。

また、人間は、悪と関わりあって「悪事を犯す」身となることもあり、逆に「他の活動を助ける」（機関）存在になることもあるのです。何に関わるかによって真反対の方向に進む危険を含んでいます。

そして、人間は「時期よろしきをえる」ことによって大成もし、反対に「時期よろしき」を見逃して、大事な転機を失うものです。

「機」は以上のように人間のあり方を一文字でよく表しています。

③　釈尊の説法

釈尊の説法は「時機相応」（時と人にふさわしいもの）であり、常に「対機（人の器量に合った）説法」・「応病与薬」・「随機開導」でした。同じことでも、その時や場を考慮し、相手の気質や器量、そして機宜を配慮して説かれました。その説法のあり方は千差万別で、

「八万四千の法門」と言われています。

大正十三年から昭和九年までに、私の地元・三原市ご出身の高楠順次郎博士をはじめ渡辺海旭・小野玄妙師などが「東京一切経刊行会」から刊行された『大正新脩大蔵経』には、三千三百六十部の経典・戒律・論釈が収められています。

膨大な経典の中から、『大蔵経』を七回も繰り返し読まれた法然聖人が、五濁の時代に凡夫である私たちの救いを明らかにしてくださった経典は『仏説無量寿経』上・下二巻、『仏説観無量寿経』一巻、『仏説阿弥陀経』一巻の「浄土三部経」であると教えてくださいました。

親鸞聖人は法然聖人が示された「浄土三部経」の中でも、『仏説無量寿経』を「真実の教・浄土真宗」と主著『顕浄土真実教行証文類』（以後『教行証文類』と略称）の「教文類」に標挙し、浄土真宗の「根本経典」とされました。

④　五濁の世に生きる凡夫

「五濁の時代」とは『阿弥陀経』に説かれる「劫濁《こうじょく》・見濁《けんじょく》・煩悩濁《ぼんのうじょく》・衆生濁《しゅじょうじょく》・命濁《みょうじょく》」（一二八頁）のことです。先に述べましたように、仏教では、すべての「いのち」や「もの」は自分以外のすべての「いのち」や「もの」に生かされて存在していることを明らかにしてくださった教えです。

すべてのものが縁（つながり）によって生まれ起こる（生起）のです。その「はたらき」（法則）を「縁起の法」と明らかにしてくださったのです。

この「縁起の法」に順じるあり方を「清」とか「浄」といい、「縁起の法」に反する自己中心的なあり方を「濁」とか「穢」というのです。

㋐「劫濁《こうじょく》」とは「時代のにごり」ということです。民族・国家・企業・個人などがますます自己中心になっていく時代です。

㋑「見濁《けんじょく》」とは「ものの見方」・「ものの考え方（見解）」が、他の「いのち」を思いやることがなく、ますます自己中心になることです。

㋒「煩悩濁《ぼんのうじょく》」の「煩悩」とは、自己中心の心に執らわれて、思うようにならないと怒ったり、欲しいものを見たり聞いたりすると欲望を起こす心です。

私たちはそういう自分の思いに身を煩《わずら》わされ、悩みを深めているのです。

「八万四千の煩悩」という言葉もあるように、「煩悩」の数は無限に多いのです。

その「煩悩」にまったく歯止めがきかなくなるのを「煩悩濁」といいます。


㋓「衆生濁《しゅじょうじょく》」の「衆生」は「ともに生存するもの」ということですが、「ともに」というあり方を見失って自己中心性をますます強めるあり方が「衆生濁」です。


㋔「命濁《みょうじょく》」は、せっかく縁あって「いのち」をいただきながら、他の「いのち」を照らし輝かすことなく、少しでも他のために自分の「いのち」を使うと、「夫（妻）や子のために時間をとられた」、「仕事で毎日忙殺され時間がない」と、自分の思うことをしている時だけを自分の時間と考えるあり方です。

「命」は「時間」として私たちに与えられているのです。私のこの「いのち」は、多くの「いのち」によって生かされているのですから、他の「いのち」のため、身近な人のために使うのも自分の大切な時間です。

「あの人に時間をとられる」、「この人にも時間をとられる」と、自己中心の日暮らしの中で、自分で自分の時間を失っていくあり方が「命濁」です。

このような日々を生きる時代が「五濁の世」です。

「凡夫」について、親鸞聖人は『一念多念証文』に、

「凡夫《ぼんぶ》」といふは、無明煩悩《むみょうぼんのう》われらが身《み》にみちみちて、欲《よく》もおほく、いかり、はらだち、そねみ、ねたむこころおほくひまなくして、臨終《りんじゅう》の一念《いちねん》にいたるまで、とどまらず、きえず、たへず（六九三頁）

と明かしてくださいました。

また、『観無量寿経』の中に、釈尊当時インドの大国・マガダの前王妃イダイケ夫人に告げられたお言葉として「凡夫」が「浄土三部経」の中に唯一出ています。

なんぢはこれ凡夫《ぼんぶ》なり。心想羸劣《しんそうるいれつ》にしていまだ天眼《てんげん》を得《え》ざれば、遠《とお》く観《み》ることあたはず。（九三頁）

と説かれています。

「心想羸劣」とは「意志が弱い」ということです。「意志が弱い」とは、その時、その場、相手によってどちらを向き、何をやり出すか、何を言い出すかわからない危なっかしい存在だということです。

「天眼」とは、広い広い天空のように何ものにも阻まれず、ありのままにものを見ることのできる「眼」です。私たちの目は自分の執らわれや多くの障害物に阻まれて狭い視野しかない「眼」です。

「遠く観る」とは小さな自我中心的に観るのでなく、執らわれを離れて、遠く広く観ることです。

まとめますと「凡夫」とは、

㋐ その場、その時、相手によってどうなるかわからない意志の弱い危ない存在。

㋑　広大な世界にありながら、目先のことも十分に見えない自我中心の狭い視野しかもたない存在。

であります。

凡夫である私たちを、広大な「法の世界」の「はたらき」（法）が「南無阿弥陀仏」の「名告り」となって、小さな「自我の世界」から解放（すくい）してくださるのです。

二、本願を宗致とする『無量寿経』

①『無量寿経』の宗致

親鸞聖人は『無量寿経』のおこころを、

この経《きょう》の大意《たいい》は、弥陀《みだ》（阿弥陀仏）、誓《ちかい》（すべての人を幸せにしたいという誓願）を超発《ちょうほつ》して、広《ひろ》く法蔵《ほうぞう》（すべての人を幸せにする法則をおさめた蔵）を開《ひら》きて、凡小《ぼんしょう》（弱く愚かなもの）を哀《あわ》れんで選《えら》んで功徳《くどく》の宝《ほう》（すべての人を真に幸せにする阿弥陀仏の名号）を施《せ》することを致《いた》す。

釈迦《しゃか》、世《よ》に出興《しゅっこう》（誕生）して、道教《どうきょう》（仏道を明かす教え）を光闡《こうせん》（広く説く）して、群萌《ぐんもう》（よろずの衆生・われら）を拯《すく》ひ恵《めぐ》むに真実《しんじつ》の利《り》（現生と当来の真実の利益）をもってせんと欲《おぼ》すなり。

ここをもって如来《にょらい》（阿弥陀仏）の本願《ほんがん》（誓）を説《と》きて経《きょう》（『無量寿経』）の宗致《しゅうち》（最も大切なこと）とす、すなはち仏《ぶつ》の名号《みょうごう》（私たちを哀れんで喚《よ》んでくださる声）をもって経《きょう》の体《たい》（本体）とするなり。

（『教行証文類』「教巻」一三五頁）

と明らかにしてくださいました。

龍樹菩薩（一五〇～二五〇年頃、南インドに生まれ大乗仏教の基盤を確立した方。浄土真宗では七高僧の第一祖）は『大智度論』で、私たちが「いのち」の依りどころにしなければならないのは、釈尊が明らかにしてくださったすべての「いのち」を「いのち」として存在せしめてくださる法則（縁起の法）で、釈尊の肉体ではないと教えてくださいました。

釈尊ご自身もお亡くなりになる時に、身の回りにいたお弟子に、わたしの亡《な》き後《あと》は、わたしの説《と》き遺《のこ》した法《ほう》（則）がおまえたちの師《し》である。この法《ほう》（縁起の法）を保《たも》ち続《つづ》けてわたしに仕《つか》えるようにするがよい。

（『仏教聖典』一四頁／仏教伝道教会）

と話されました。

ところが素晴らしい師に出会うと、私たちは師の説く「法」より、師の「人間味」に親しみ、「法」より、師を依りどころにします。（善知識だのみ）その間違いを、釈尊ご自身も、龍樹菩薩も明らかにしてくださっています。

② 月を示す指

どれほど素晴らしい師の教えであっても、それは「月を示す指」であって「法」そのものではないのです。月（法）を見ないで、師の指（教え）ばかり見ているのでは話になりません。

親鸞聖人の教えは、五濁を生きる凡夫が領受できる教え、「真の幸せ（利益）」を実現する経典は『無量寿経』であると指し示してくださる指です。

すなわち、『無量寿経』こそが、「真の幸せ」を実現する法則、「法」そのものを指し示してくださる指なのです。龍樹菩薩は、先に述べた事柄に続いて、

人《ひと》（教法を説く人・釈尊）指《ゆび》をもつて月《つき》（群萠を拯ひ、恵むに真実の利を施与してくださる『無量寿経』に明される本願）を指《おし》ふ、もつてわれを示教《じきょう》す、指《ゆび》を看視《かんし》して月《つき》を視《み》ざるがごとし。

（『教行証文類』「化身土文類」四一四頁）

と示してくださっています。

『無量寿経』の宗致（最も大切なところ）である「本願」を一願一願かみしめながら、「凡小を哀れんで選んで功徳の宝（真の幸せ）を施すること」を実現してくださる阿弥陀仏の法（則）に出遇っていただきたいと思います。

③　本願を聞思し語る前に

第一願を語る前に、重ねて確認しておきたいことがあります。

㋐阿弥陀仏の本願は、私たちの死後の幸せを誓ってくださったものではなく、今を生きる私たちの身の幸せを願ってくださったものです。

㋑阿弥陀仏は、あくまで今の私たち（凡小）の現実をありのままに見聞し哀れんで、広く真実の法則の蔵（法蔵）を開き、功徳の宝（真の幸せを実現する南無阿弥陀仏の喚び声）を施与してくださった誓いであります。

㋒釈尊がこの世にお生まれになって、最もご苦労くださったのは「真実の利（幸せ）」をすべての人に教示し、すべての人をすくいたいと念願して、阿弥陀仏の大悲の本願（法）を明らかにしてくださったのです。

第二章　凡夫を三悪趣なき世界に

一、無三悪趣の願（第一願）

たとひわれ仏《ぶつ》を得《え》たらんに、国《くに》に地獄《じごく》・餓鬼《がき》・畜生《ちくしょう》あらば、正覚《しょうかく》を取らじ。

（一五頁）

①　四十八の願の「はじめ」と「終わり」の言葉

四十八願のすべての願は「たとひわれ仏を得たらんに」（設我得仏）のお言葉で始まります。「われ」とは、阿弥陀仏です。真如の世界から来てくださって（如来）、私たちの身を存在せしめ、目覚めさせてくださる、大いなる「はたらき」〈法〉です。願いを起こされた時の名を法蔵菩薩（広く真実の法の蔵を開いてくださる実践者の姿）といいます。

仏とは真に自他の分別を超え、すべての人びとの平等なる幸せを実現する法則に目覚めた方（釈尊はその代表です）ですが、後には、法（則）そのものも仏というようになりました。ここでは法そのものである阿弥陀仏のことです。


願の終わりの言葉は第十八願以外はすべて「正覚を取らじ」（不取正覚）で終わります。

正覚とは、真にすべての人びとの平等の幸せを実現する法則に目覚めることで、仏（正覚者）になることですが、ここでは阿弥陀仏になることです。

「真の幸せ」は、自身のありのままの姿に目覚めることから始まります。

自身のありのままの姿（自我の殻に閉じこもっている）を、私たちは自分でなかなか知ることは難しいのです。

自分のありのままの姿を知って、その状態から「出ること離れること」（出離）が「真の幸せ」を実現する道です。言葉を換えると、自我の殻に閉じこもっているあり方から「解放され脱出する」（解脱）ことが「真の幸せ」の道なのです。自身のありのままの姿・あり方（自我の殻に閉じこもり、暗闇をさまよう）から出離する道・解脱する道に目覚め、その道を歩み始めて「真の幸せ」（真実の利）は恵まれるのです。

② 地獄・餓鬼・畜生は、この世・この身のこと

第一願は、私たちのありのままの姿・あり方を「地獄・餓鬼・畜生」（三悪趣）の言葉で教え、そのような姿・あり方から出離・解脱させてやりたいという大悲の誓願です。「地獄・餓鬼」は、この世で悪を行った人が死後に生まれていく世界だと思い込んでいる人、仏教のお話を聞いている人の中にも多いと思います。また「畜生」は牛や馬や犬や猫などのことだと思っている人もいるでしょう。そういう思いに居座っている人は、先入観を捨てて、白紙で聞いてください。

経典の言葉、親鸞聖人のお示しを二、三文あげて、「地獄・餓鬼」はこの世で悪事をした人の死後の世界、「畜生」は「牛・馬・犬・猫」などという間違った思い込みを捨てていただきたいと思います。そうでないと、第一願の「地獄・餓鬼・畜生あらば」を、今（現世・現生）、この身のこととして正しく受け取っていただけません。

イダイケ夫人が、釈尊に訴えた言葉が『観無量寿経』に、

この濁悪《じょくあく》の処《ところ》（現世）は地獄《じごく》・餓鬼《がき》・畜生盈満《ちくしょうようまん》し（みちみち）、不善《ふぜん》の聚《ともがら》（仲間）多《おお》し。

願《ねが》はくは、わが未来《みらい》に悪《あく》の声《こえ》を聞《き》かじ、悪人を見じ。（九〇頁）

です。この言葉で明らかなように、地獄・餓鬼・畜生は死後の話ではありません。「わが未来（死後）に悪の声を聞かじ、悪人を見じ」とある「聞かじ」・「見じ」の「じ」は、打ち消しの意思を表す（『古語辞典』旺文社）もので、現在も死後も「地獄の住人・餓鬼・畜生の声は聞きたくない」・「見たくない」ということです。

次に、親鸞聖人は『教行証文類』「行巻」の最後に位置する「正信偈」で、

信《しん》を獲《え》て見《み》て敬《うやま》ひ大《おお》きに慶喜《きょうき》すれば、

すなはち横《おう》に五悪趣《ごあくしゅ》を超截《ちょうぜつ》す。（二〇四頁）

と、信（目覚め）を讃嘆されます。

「信を獲て」は、この身ある今（現在）のことです。「五悪趣（地獄・餓鬼・畜生・人間・天人）を超截（とび越え、越えきる）するのも死後の話ではありません。「横超」は「今ただちに超える」ということです。

また、「信巻・末」に「現生十種の益」を説かれるところで、

金剛《こんごう》の真心《しんしん》（阿弥陀仏の不壊・不滅・不変の心）を獲得《ぎゃくとく》（目覚めを身に得る）すれば、横《おう》に（速やかに）五趣《ごしゅ》（地獄・餓鬼・畜生・人間・天人）八難《はちなん》の道《どう》（仏法を聞き難い八つの状況・立場）を超《こ》え、かならず現生《げんしょう》（この身）に十種《じっしゅ》の益《やく》（利益）を獲《う》。（二五一頁）

と言い切られています。

今、この身が地獄・餓鬼・畜生の世界をさまよっているから、親鸞聖人は「信」によって、そこから出る道が開かれることを身にかけて明かしてくださったのです。

では、地獄・餓鬼・畜生とは私たちのどのようなあり方でしょうか。今の自身を見つめながら味わってください。

③　餓鬼とは

まず、餓鬼のあり方について語りましょう。

人間はある程度、自分の思うように人生が満たされてくると、知らず知らずのうちに、「むさぼり」の心（貪欲）が増してきます。

「むさぼり」の心はいったん膨らみだすと、これでいいという限度がなくなるのです。新しいもの、珍しいものなどを求め続けます。

そして、人間という生きものは「もの」を持てば持つほど、「もの」に対する「よろこび」を失っていきます。「もの」がない時には、少しの「もの」、粗末な「もの」でも手にすると、それを大切にしてよろこびますが、「もの」をたくさん持ち始めると、「もの」に対する「よろこび」が陰をひそめ、不足だけが多くなります。

「いのち」の豊かさは「よろこび」の多少に比例します。「よろこび」の多い人は、豊かな「いのち」の持ち主です。「よろこび」の少ない人ほど身の貧しい「やせっぽち」です。

日々の生活の中で蓄えた不足は「腹部」に蓄積されますから、「不足」が増すだけ下腹がせり出してきます。ですから、「むさぼり」（貪欲）を増すだけ「よろこび」がなくなり、「不足」を増す人は、身はやせ細り、下腹だけを肥大させるのです。

どんな姿か想像できるでしょう。まさしく餓鬼そのものの姿です。他の人のことではありません。私たち自身の姿ではないでしょうか。

そんな姿になっている自身に気づかず、私は人並みだ、いや他の人よりましな人生を歩んでいると自惚れて、せっかくの自分の「いのち」を、餓鬼の身として「空しく過ごす人生」を送っているのです。

④　地獄とは

次に地獄について語りましょう。自分では努力し、他の人以上に苦労していると思っているのに、人生が思うようにならない時、私たちはやり場のない苛立ちにさいなまれ、

「いかり」の心（瞋恚）が噴き出てきます。

私たちの「いかり」は、知らず知らずのうちに自分をこんな状態に追い込んだ犯人を捜し始めます。犯人は誰でもいいのです。また何でもいいのです。責めやすい人や「もの」を犯人にして責めたり当たったりするのが、私たちの常套手段です。

話が広がり過ぎますから、例を家庭にしますと、夫は「妻」がダメだからといい、妻は「夫」がシャンとしないから、子は「親」に甲斐性がないから、親は「子」の出来が悪いから、と責めやすい者を責めます。

それも顔を真っ赤にしたり、時には青筋を立てながら他を責めます。あまり黄色になる人はいません（黄色になったらすぐ病院に！）。

真っ赤な顔で他を責めるのを赤鬼、青筋を立てて他を責めるのを青鬼、この赤鬼・青鬼が住んでいて、何かにつけて傷つけあい、互いに傷ついている世界が地獄です。

私たちは安易に「あの人は、すぐに顔色を変えて他を責める。まるで鬼のような人だ」と言いますが、自分自身はどうでしょうか。私たちは他の人の顔は見えますが、自分の顔は見えないのです。

鬼になっている自身に気づかず、他の人を鬼にしています。すべてのことを「他の人のせい」にして一生終わっていくなら、こんな不幸なことはありません。自身に目覚め、自身が自分の今の状態から出離・解脱していく日暮らしが「真の幸せ」への道です。

⑤　畜生とは

さらに畜生について語りましょう。毎日が特に順境ということでもなく、そうかといって逆境でもない平々凡々の時、私たちはどのように過ごしているでしょうか。餓鬼・地獄のところでも語りましたように、私たちは他の人のことはよく見えても、自分が見えない「おろか」（愚痴）な人間なのです。

愚かなヒト　乗せて　地球は耐えている。　かわたやつで

（『現代川柳事典』）

という川柳があります。この川柳に私は目を開かれました。

多くの人や「もの」の恩恵を受け、無量の縁（光）に照らされ、育まれていることを忘れて、むさぼりと怒りを繰り返しているのが、「おろか」（愚痴）者です。「おろか」なる故に自身を恥じる思いがありあせん。『涅槃経』には、

無慚愧《むざんぎ》は名《な》づけて人《にん》とせず、名《な》づけて畜生《ちくしょう》とす。（二七五頁）

と説かれています。

自分のしたいことには没頭するが、他の人のためになにかをしようという気は全くなく横になって過ごし、気に入らない人や出来事に遭うと噛みついたり、引っかくことを業（行為）としている生きものを畜生といいます。

愚痴（智慧なき無明・おろか）のままに生きているのです。他の人のことではありません。思い当たることが自身の内にあると思います。

その境界から一時も早く出離・解脱することが「真の幸せ」への道です。

第一願は、自身が、今、地獄・餓鬼・畜生に居を構えていることに全く気づくことなく「空しく生きている」私たちを真に哀れんで、「恵むに真実の利をもってせんと欲」してくださった願なのです。

「国（阿弥陀仏の無量光明土・浄土）に地獄・餓鬼・畜生あらば、正覚を取らじ」との誓いを、自身の死後や「牛・馬」などのことのように読み流すならば、これほど不幸なことはありません。

二、不更悪趣の願（第二願）

たとひわれ仏《ぶつ》を得《え》たらんに、国中《こくちゅう》の人天《にんでん》、寿終《いのちおわ》りての後《のち》に、また三悪道《さんまくどう》に更《かえ》らば、正覚《しょうがく》を取《と》らじ。（一六頁）

①「国中の人天」の願

第二願から十一願まで「たとひわれ仏を得たらんに」の後に「国中の人天」という言

葉が出てきます。

十二・十三・十四願にはなく、続いて十五・十六願に「国中の人天」と出てきます。そしてまた、十七・十八・十九・二十願にはなく、二十一願・二十七願にあり、すこしとばして三十八・三十九願に「国中の人天」と出てきます。

四十八願の中で「国中の人天」と語りかけられる願は、合計十六願です。そこで「国中の人天」とは、誰のことを指しているのかを第二願で考えておきたいと思います。

国とは日本、中国、アメリカというような一つの統治機関（政府）により分割された地球上の狭い領土ということではありません。

それは、親鸞聖人が「土《ど》はまたこれ無量光明土《むりょうこうみょうど》なり」（三三七頁）といわれた阿弥陀仏の清浄なる国土です。いかなる垣根も囲いもない開かれた広大無碍の世界です。

また、そこに存在するすべての方（諸仏）は、何ものにも束縛されることなく自在に生き、すべてのものが、それぞれの光を発し、その無量の光に照らされ育まれ、すべてが生き生きと輝いている世界です。

広大にして無量の光の国に生きる人天とは人間と天人です。

広大にして無量の光（恩恵）の世界に住みながら、自我の小さな殻に閉じこもって自己の居場所を黒闇（無明の闇）にして生きる「いのち」の場に、人間も天人も住んでいるのです。無数の「いのち」が黒闇に存在しますが、釈尊の教えを聞く可能性があるのは人間です。可能性はあっても聞くことが至難なのが、天人です。

阿弥陀仏は、まずこの両者に自身の悲願を語りかけられたのです。「正信偈」で、親鸞聖人は人間と天人のことを「邪見（人間）・憍慢（天人）の悪衆生」（二〇四頁）と明らかにしてくださいました。

② 人間とは

では人間とは如何なる生きものでしょうか。今さら人間の説明をしてもらわなくとも、人間である自分には「人間についてよくわかっている」という人もいるでしょう。しかし、人間だから人間が一番わからなくなっているかも知れません。人間がよくわかっていると思っている人に質問します。

A．地球上の生きもので、人間だけが口でやる行為は何ですか？

B．人間だけが言葉でコミュニケーションをとると思います。

A．確かにそのように思いますが、他の生きものも、鳴き声や表情、行動や行為で他とコミュニケーションをとっています。

B．一体何が言いたいのか、ハッキリ言ってください。

A．人間は多くの言葉を知り、いろいろなことを、こと細かく話すことができます。

B．その通りです。他の生きものも声や音で意思の伝達はある程度できますが、人間のように、微に入り細に入り自分の思いを、交換することはできません。

A．その通りですが、グチをこぼし、時には近くの人、現在はインターネットで遠くの人にまでグチを言います。他の生きものでグチをこぼす生きものがいますか？

B．犬や猫が、グチをこぼす話は聞いたことがありません。

A．そうです、人間だけがグチを言うのです。グチをこぼすことはほめられることですか？　また、大脳が発達した賢者の行為にふさわしいですか？

B．そんなこと言わなくてもわかっていることです。グチをこぼして歩くほど醜いことはありません。

A．その醜いグチをこぼすのが、人間だけなのです。

B．そういえば、そうですね。人間は他の生きものより賢いとか、立派だと威張れませんね。

人間はものの見方、考え方（見解）が自己中心的です。日常生活の中では特にそのことが顕著に出ます。

だから、グチが一番よく聞けるのは家庭・職場・近所・身内の中です。

自己中心の考え方（見解）や見方を邪見（間違った見方・よこしまな心・意地が悪い）といい、また偏った一方的な考え方・見方を偏見（かたよった考え・中正でない見解）といいます。

邪見や偏見は「見」という、六大煩悩（疑・貪・瞋・痴・見・慢）の一つです。

人間はこの「見」（邪見・偏見）という間違ったものの見方・考え方（煩悩）で生きていますす。ですからあとになって「こんなはずではなかった」ということになり、グチをこぼす結果を招くのです。

③　グチの原因

「見」による特に大きな思い違いを仏教では「常・楽・我・浄」の四顛倒といいます。

㋐　この世も私もすべてが「無常」（いっときも同じ状態は続かない、時々刻々に変化している）ということを知識として知っていても、この身の現実としては忘れ、「常」（当分はこの状態が続く）と思い違いをしています。

だから思いがけない災害や事故、身近な人の急な死にあったり、自身が重い病にかかった時などに、どうしてもグチが出るのです。「無常」の世・「無常」の身が現実であることを忘れ「常」と思い違いしている「見」が因なのです。

㋑　この世は「苦」の世界であり、この身も「苦」の身であることを知識として知っていても、この世・この身の現実であることを忘れています。「苦」とは「この世もこの身も多くの制約を受けている」ということです。

だから、「国家も個人も思うようにはならない」のです。

この世のすべての人も「もの」も、他の多くの縁に恵まれ、多くの「いのち」の恩恵を受けて存在しています。ですから、国家であろうと、民族であろうと、個人であろうと、一国家、一民族、一個人が何の制約も受けず、思うように存在できるはずがありません。

自己中心的「我執」の固まりである集団も、個人も、自分の思うままに生きることはできません。仏教が説く「楽」とは、何の制約も受けない、思いのままに生きられる状態、仏教では「自在」と言います。

自分を全く改めようとしないで、自分の思い通りになることを「楽」と思い違いしている人はいませんか？　この世が「楽」と思い違いしている個人、民族、国家にとっては、この世は全く思うようにならない「苦」の世界です。グチの出ないはずはありません。本当の「楽」(自在)を求めるなら、自己中心的「我執」から出離・解脱する道を求めなければ話は始まりません。

「極楽」は「自在の極まった大地」です。自己中心的「我執」から出離・解脱し、共に他の素晴らしさを認め、互いにそれぞれの素晴らしさを輝かせ、相照らし合っている世界です。『阿弥陀経』に、

（極楽国土にある）池《いけ》のなかの蓮華《れんげ》は、大《おお》きさ車輪《しゃりん》のごとし。青色《しょうしき》には青光《しょうこう》、黄色《おうしき》には黄光《おうこう》、赤色《しゃくしき》には赤光《しゃくこう》、白色《びゃくしき》には白光《びゃくこう》ありて、微妙香潔《みみょうこうけつ》なり。（一二二頁）

とありますが、これこそ「楽」（自在）の極まった世界です。

㋒

私も含めてこの世のあらゆるものは、他と全くかかわりなく単独で存在しているものではありません。「この身」をはじめ「この世」のすべてのものは、「我」（単独存在）でなく「無我」（縁により生起している）なる存在なのです。

ところが、人間は成長するにしたがって「自我」を強め、「自我」に執着（我執）するようになります。自分がかわいい、自身が大切だということが本当にわかれば、他の人も「自分がかわいい、自身を大切にしている」のだから、他の人も自分を同じように大切にしなければならないはずです。

しかし、私たちは自身のことがわかっていませんから、自分だけがかわいく、大切にする生き方を知らず知らずにしています。そこで、他と対立し、意見が合わなくなります。そうなると自己中心的「我執」が頭をもたげ「私が、僕が、オレが」と、「我」をお互いに張り合い、衝突することになります。それが時々なら、まだ辛抱できますが、日常茶飯事ですから、「我」は「他」や、「彼」や、「此」やにぶつかります。文字通り「我他彼此・ガタピシ」の日暮らしになり、いやでもグチがこぼれます。

「無我」なる「この世」のあり方を忘れ、この世、この身を「我」（単独存在）と思い違いすることに起因するのです。

㋓　私たちは無意識のうちに、自己中心的です。他の人、他の「いのち」のことも考えますが、どうしても自分の都合を何より優先します。こういう自己中心的行動・行為を、仏教では「濁」とか「穢」と言い、この世を「濁世」・「穢土」と言います。

この世だけではありません。私をはじめこの世の生きものは、すべて「濁」なる存在であり、「穢」なる存在なのです。ところが「濁」なる私、「穢」なる私が、他に対しては「もっと私の身になって考えてほしい」、「もっと私を大切にしてほしい」と、他に「清」を望み、「浄」を求めるのです。

残念ながら、この私たちの求め望むように、他の人は応えてくれません。それで、どうしてもグチが出るのです。子は「親は無理解だ」とグチり、親は「子は何もわかっていない」とグチります。「穢」なる自分が、他の人に「浄」を求める考え違いがグチの根にあるのです。

「常・楽・我・浄」の四顚倒だけでなく、私たちの邪見・偏見という考え方・見方の間違いは、生活のあらゆる場、あらゆる時、あらゆる人、あらゆるものに対して起こりますから、この世からグチの種はなくなりません。

④　グチ（苦悩）から聴聞に

どのようなグチも自慢できるものではありません。全くお粗末なものばかりで、最後は自分自身を寂しい世界に、悲しい境界に追い込むのです。

しかし、グチは悪い面だけでなく、大切な意味があるのです。グチをこぼし、グチを周りの人に言いながら、人間はその歩みをとめることがあるのです。

㋐「グチをこぼし続けている自分は」、これでいいのか。
㋑「人間はグチをこぼすために」、生まれてきたのか。
㋒「この身を本当に生きる」、とはどういうことか。

などの自問自答が、グチをこぼす自分の身から出てくるのです。そこで足が一時止まります。「この身を本当に生きるとはどういうことか」という人生の一番大切な問いをグチが引き出してくれるのです。グチにも大切な意味があるのです。

この「この身を本当に生きるとはどういうことか」の問いが、私たちを「聴」の場に向かわせるのです。

「聴聞」という言葉に、親鸞聖人は『教行証文類』「行巻」で「ゆるされてきく、信じてきく」(二四五頁)と左訓され、「化身土巻」では「聴」に「ゆりてきく」(四〇一頁)と左訓されています。「ゆりて」は「許されて」の意ですから「行巻」の「ゆるされてきく」と同じです。

私はこの「聴」の「ゆるされてきく」の中身が長い間疑問でした。今は「何かにつけてグチをこぼす、こんなお粗末な者でも一切区別も差別もなく受け入れてくださる」ことが「ゆるされて」の中身であると味わっています。

また漢和辞典には、「聴を往といい、聞を来という」とあり、また、「聴」は「耳を立てて聞く、注意して聞く、詳しく聞く」という意味があります。どちらにしても、「聴」は「人生の大切なことをききに往く、耳を立てて聞く」という行動を表す字です。

グチが「人生を問う」という大切な機縁になり、「聴」という行動、法座に足を運ぶ動機になり、足が法座に向いたところから「聴聞」が始まります。

「問い」は「人生の問い」に限定する必要はありません。差別・平和・戦争などの「問い」もあります。個人により「問い」は雑多です。どちらにしても「問い」がないと「聴」という行動は始まりません。

「聴きたい」、「聴かなければこの身はどうにもならない」と、法座に足を運び、ご法話に耳を傾けると、自分の考えを超えた大切なことが聞こえてくるのです。

聞こえてくるものは何か、阿弥陀仏の私を「哀愍摂受《あいみんしょうじゅ》」（あはれみたまへとなり。われらを受けたまへとなり）〈『正像末和讃』異本左訓・六一〇頁〉してくださる「喚び声」（南無阿弥陀仏）が聞こえてくるのです。その喚び声を「信じてきく」（マコトときく）のが「聞」です。「喚」は大きな声で相手が聞こえるまで「よぶ」という字です。

ところが、私たちはその「喚び声」を素直に「信じてきく」ということが難しいのです。根が疑い深い人間ですから、簡単に「信じてきく」とはいかないのです。

⑤ 聞思修が大事

それで、親鸞聖人は『教行証文類』の「総序」で、

誠《まこと》なるかな、摂取不捨《せっしゅふしゃ》の真言《しんごん》（円融至徳の嘉号・万物一如という完全にして最高の徳を具えた阿弥陀仏の名号）、超世希有《ちょうせけう》の正法《しょうぼう》（すべての存在をそのものとして存在せしめる真実の法則）、聞思《もんし》して遅慮《ちりょ》することなかれ。（一三二頁）

と言われ、「聴聞」で終わるのではなく「聞思して遅慮することなかれ」と教えてくださるのです。

「聞」は「聞こえてきた」ということです。その「聞こえてきたもの」を「信じてきく」ことのできる人ばかりなら「聞思して遅慮することなかれ」は必要のないお示しです。「聞思」の「思」は「思案」（思いをめぐらす）、「思索」（自分の心に深く考え求める）、「思惟」（心に真理を思う）などと熟語されます。

『浄土真宗聖典（註釈版）』には、「聞思して遅慮することなかれ」に「本願のいわれを聞きひらき（聞）、疑いためらって（遅慮）はならない」と脚注があります。

私はこの註釈には「思」の意味が抜けていると思います。

世界に禅の教えを紹介した鈴木大拙師（一八七〇〜一九六六）が、一九六一年に英訳された『教行信証』を、二〇一五年に「現代日本語訳」され、『親鸞教行信証（現代日本語訳）』（東本願寺出版）として出版されました。

それには、「躊躇《ためら》うことなく（遅慮することなかれ）それを聴き（聞）、それを熟慮して（思）もらいたい」と、「思」を「熟慮して」と訳されています。

また、親鸞聖人が『教行証文類』「信巻・本」に、信《しん》にまた二種《にしゅ》あり。一《ひと》つには聞《もん》より生《しょう》ず、二《ふた》つには思《し》より生《しょう》ず。この人《ひと》の信心《しんじん》、聞《もん》よりして生《しょう》じて、思《し》より生《しょう》ぜず。このゆゑに名《な》づけて信不具足《しんふぐそく》とす。（二三七頁）

と『涅槃経』を引用されています。

『浄土真宗聖典（註釈版）』は、ここでは「聞思」を「教法のいわれを十分聞き分けて、如実（ありのまま）に思い知ること」と脚注があります。註釈でも「教法のいわれを十分聞き分けて如実に」までは「聞」の説明で、「思」は「思い知る」だけの意味でしかありません。

「信不具足」については、「完全な信心ではないこと。不如実の信心のこと」と脚注にありますが、これだけの言葉で、信心が領解できるだろうかと不安になります。

話を鈴木大拙師英訳の「現代日本語訳」に戻しますと、先の『涅槃経』の引用文を、

《信頼》（信心）には二つの源泉がある。一つには「聞くこと」（聞）から生まれ、もう一つは「内省すること」（思）から生まれる。その《信頼》が「聞くこと」だ

けから生まれ、「内省すること」からでないなら、それは十分ではない。これを不十分な《信頼》（信不具足）という。

と「思」を「内省すること」と訳されています。

浄土真宗本願寺派（西）の教学でも、法話（布教）でも、「聞」については強調してきましたが、「思」についてはあまり語られてきませんでした。

私はここに本願寺派の教学、法話（布教）の不十分さがあると思います。

「聴」と「聞」のみを強調して、「思」が抜けては「信不具足」です。すなわち、「聞」いたみ教えを、日常の場で、自分の身の上で「思いめぐらすこと」、「自分の内面で深く考えること」（熟慮）、「内省すること」が抜けると、大切な「要《かなめ》」である「機の深信」が抜けます。扇でも「要」がないとバラバラになります。

「その話も聞いた」、「その話も知っている」という頭だけの「聴聞」になり、「身」につきません。先人たちはそのような同行（聴聞者）を「もの知り同行」といって特に気をつけてきました。

ここで人間がみ教えを「きく」ことについて整理してみます。

「人間」→「思い違いが多い」→「グチ」（苦悩）→「問いをもつ」→「聴きに往く」
→「聞こえてくる」→「思」（身の上で思いめぐらし、内省する）

以上のことを繰り返すのです。この繰り返しを「修」といいます。
「問い」→「聴」→「聞」→「思」の繰り返しです。この繰り返しの中で「信じてきく」（マコトときく）となるのです。仏教ではこのような営みを「聞・思・修」の三つの智慧（三慧）として大切にしてきました。み教えに遇うための基本です。

「遅慮」とは「自分の知識・経験をもとにいろいろ考え（慮）ているうちに、〈聞こえて来る信〉が臨終までに間に合わない（遅）こと」です。「間に合わない」とは、「聴・聞・思」はこの身のある間で死後では遅いということです。

「遅慮」の「慮（いろいろ考え）」は、頭の中で、自分の修得した知識と経験を頼りにいろいろ反復し結論が出ないことです。知識と経験だけを頼りにすると「間に合わない（遅）」ことになるとのご注意が「遅慮することなかれ」のお言葉です。

⑥ 疑謗を縁とする

また「聞・思」の繰り返し（修）の中から、新しい疑問が出てきます。時に「こんなに一生懸命に聴聞しているのに」と怒りが出てくることもあります。

妙好人・才市同行（一八四九〜一九三二）は、「こんなに命がけで求めてきた私。なぜ阿弥陀さまに遇えないのか、何とつれない親（阿弥陀仏）さまか」と、阿弥陀さまを謗るようなことを言い、自宅の仏壇の扉を釘で打ち付けてしまいました。（才市生誕百五十年の記念法要の折、才市同行の近くに住んでいた老婦人の幼少の頃の思い出話）

「聞・思・修」の過程で、一つや二つではなく多くの疑問が出てきます。時には才市同行のように阿弥陀仏に対する怒りや謗りも出てきます。多くの人は、そのようなことが何度かあると「聴聞」をやめてしまいます。残念でなりません。

親鸞聖人は『教行証文類』の「後序」に、

もしこの書《しょ》を見聞《けんもん》せんもの、信順《しんじゅん》を因《いん》とし、疑謗《ぎほう》を縁《えん》として、信楽《しんぎょう》（無疑・無慮の信心）を願力《がんりき》（阿弥陀仏の本願のはたらき）に彰《あらわ》し、妙果《みょうか》（真の目覚め・仏のさとり）を安《あん》養《にょう》（無量光明土・浄土）に顕《あらわ》さんと。（四七三頁）

と記され、「疑謗」がみ教えに遇う大きな手がかり（縁）であるとお示しくださいました。「聞・思・修」の過程で出てくる「疑い」と「謗り」は、「信心」をわが身に深く頷くことのできる大きな手がかりです。

「疑い」もない、「謗り」も全く起こってこない「聴聞」は、ひょっとすると右耳から入って左耳に抜けていくだけの「聴聞」であり、「いい話でした」と「話」・「例話」（たとえ話）だけをよろこんでいる「聴聞」になっているのではと心配になります。

無理に「疑え」、無理に「謗れ」ということではありませんが、「聞・思・修」の繰り返しの中から出てくる「疑謗」を大切にしてくださることが、少しでも早い「目覚め」（信）につながる大きな力になると思います。

法然聖人門下で親鸞聖人の兄弟子である聖覚法印（一一六七〜一二三五）の『唯信鈔』

末尾には、

信謗《しんぼう》ともに因《いん》として、みなまさに浄土《じょうど》に生《うま》るべし。　（一三五六頁）

というお言葉もあります。

⑦「信心」開発の時

人間だけがグチをこぼします。また人間だけが仏法を聞くことができるのです。「グチ」と「聞」は真反対の行為のようですが、決して無縁ではないのです。今一度整理します。

「グチ」（苦悩）→「問い」→「聴」→「聞」→「思」→「疑謗」→「問い」→「聴」→「聞」→「思」

と繰り返す（修）歩みの中で、いつのまにか「目覚め」（信心）るというか「信じてきく」身になるのです。何かのきっかけで信を獲る人もあり、また「聞・思・修」の中で妙好人・源左同行（一八四二〜一九三〇）のように、ふとしたきっかけで「ふいっ」と「目覚め」（信を獲）る人もいます。

或年の夏でやあ。城谷に牛を追うて朝草刈に行って、いつものやあに六把刈って、牛の背の右と左とに一把づヽ附けて、三把目を負はせうとしたら、ふいっと分らせてもらったいな。

（『妙好人因幡の源左』柳宗悦・衣笠一省編／三頁）

どちらにしても知識・経験を超えた「覚」（目覚め）、すなわち智慧の話です。「覚」には、赤子が自分の母を自分の母といつの間にか気付く場合と、もう一つは、赤子の時に母と離れ離れになった母子が、出会いの機会を得て「名のり合い」気付くという二つのケースがあります。どちらにしても人間として生きることの幸せは、「真実の利」を与えてくださる仏法に遇うことです。

改めて「礼讃文」(三帰依文) のはじめのお言葉を味わっておきたいと思います。

人身受け難し、今已に受く、仏法聞き難し、今已に聞く。
この身今生に向って度(穢土から浄土に渡る・自己中心の濁穢の人間が清浄な「仏」になる)
せずんば、さらにいずれの生に向ってかこの身を度せん。

⑧　天人とは

天人は、その置かれている境遇が、人間と比べようのないほど恵まれているのです。どの面から見ても人間より恵まれた境遇にいるので、知らず知らずに「慢」という煩悩を主《あるじ》として生きるようになります。

「慢」とは、自らが常に高い位置に立ち、他を下位に見て軽視する自己中心的なあり方です。「慢」にもいろいろありますが、主たるものとして、

㋐　我勝慢(過慢)、私は他の人より勝っている、優れているという思い。

㋑ 我等慢、私はどれほど素晴らしいと思われている人とも同等のものをもっているという思い。

㋒ 我劣慢（卑下慢）、自分より劣っていると思っている人に「私はあなたと比べようのない劣った人間です」と、わざとへりくだる悪質な慢です。

以上「三慢」ですが、「慢」にもたくさんあり全部述べることができません。

「慢」に似た煩悩に「憍」があります。「憍」とは、家柄・財産・権勢・健康・博識・美貌・能力などの「おごり」で、一般的に「憍慢」と熟語されます。

「正信偈」の中で『無量寿経』を讃嘆される最後に、

弥陀仏《みだぶつ》（阿弥陀仏）の本願念仏《ほんがんねんぶつ》は、
邪見《じゃけん》・憍慢《きょうまん》の悪衆生《あくしゅじょう》、
信楽受持《しんぎょうじゅじ》すること、はなはだもって難《かた》し。
難《なん》のなかの難《なん》これに過《す》ぎたるはなし。
（二〇四頁）

とあります。

邪見は人間のこと、憍慢は天人のことです。どちらも悪衆生ですが、地獄・餓鬼・畜生には「聴聞」の縁が全くありませんが、人間・天人には「難のなかの難」であっても、仏法の縁は皆無ではないのです。

人間は、「グチ」をこぼさずにはおれない場面・時・相手に遭遇することが多いのです。「グチ」をこぼすしかないやりきれない出来事を、キリスト教では「神が人間に与えた試練」というそうですが、お念仏をよろこんできた私たちの先人は、つらい出来事との出会いを「仏法を聞けよ」の「ご催促」と受けとめてきました。

天人は恵まれた境遇にあって自慢話はしますが、グチをこぼすようなことが少ないのです。グチの人間が「聴聞」するのに比べれば、「慢」の天人が「聴聞」することは「難」の何百乗倍の「難」ということになります。

天人は「聴聞」がほとんど不可能な存在です。どのぐらい不可能かという話が「天人五衰」の言葉で伝えられています。天人は、自身の衰えが誰の目から見ても明らかになっても、自身の内面を省みることがなく、他の人の話に耳を傾けることが皆無です。

「聴聞」の手がかりになる縁を得ることが人間の何倍もむつかしいのです。

「天人五衰」とは、天人が死の直前を示す五種の衰亡の相です。

「人のふり見てわがふり直せ」という「ことわざ」があります。自分は自分、他の人は他の人、と日頃は周りの人に目の向かない人でも、自身の老いとともに姿・形の変化や気力の劣化に気付く時、嫌でも今日までの「いのち」の歩みや、わが姿を鏡に映し省みずにはおれないものです。「天人」は、自身に死に直結する衰えが出てきても、内を省みることのない悲しい存在です。

五種の衰亡の相については、種々の説があります。その一つを紹介しましょう。

㋐ 頭の上が寂しくなってくる。黒髪が白髪に変わり、頭髪が少なくなり、ついになくなる人もいます。そうなった時、ただ、そのことを歎くだけで終わるのではなく、「聞思して遅慮すること」のないように、み教えを聴こうということにならなければならないのです。
頭髪が白くなり少なくなることは「聞思」の第一番目の「ご催促」です。

㋑　目を閉じることが多くなります。それが少しずつ長くなってくると、永遠に目が開かなくなる前兆です。目が教えてくれる「聞思」第二の「ご催促」です。

㋒　汗の臭いが若い頃より強くなります（加齢臭）。第三の「ご催促」です。

㋓　入浴後の水のはじき方が悪くなります。肌の張りや脂気がなくなってきた証拠です。第四の「ご催促」です。

㋔　集中力や落ち着きがなくなります。「聞思」最後の「ご催促」です。

以上の死に近づく「ご催促」すら見過ごして、「聴聞」の至難な境遇が天人です。一生を「憍慢」で空しく過ごし易い境界です。「憍」は家柄・財産・地位など一方的な「おごり」で、「慢」は他と比較しての「おごり」です。

第一願・第二願で、「地獄」・「餓鬼」・「畜生」・「人」・「天」の五悪趣が出てきました。この五悪趣の住む家は、高山の狭い谷間の底にある地上一階に二間・地下一階三間の家です。周りは大木で囲まれ、空は年中厚い雲に覆われ光の差すことのない闇に建っていますが、一階南側の人間が住む部屋には、まれに大木の隙間から光が差すのです。

空を覆う厚い雲とは「疑」の煩悩であり、「疑蓋」（真実を覆い隠す疑の心）です。家の周りを取り囲む山や大木は幾重にも自身を取り囲む「我執」の壁です。

時にわずかな光が差す部屋は、「見」の煩悩で囲まれている人間の住む部屋だけです。隣は「慢」の煩悩に囲まれた「天人」の住む部屋です。地下に降りますと、「痴」の煩悩を主として生きる「畜生」、奥に進むと「貪」の煩悩を主とする「餓鬼」、一番奥が「瞋」の煩悩を主として生きる鬼の住む「地獄」です。この五つの部屋を流転し輪廻しているのが煩悩具足のわが身です。「聴聞」の気持ちが起こる時は間違いなく「人間」の部屋にいるのです。

この家を、親鸞聖人は「生死輪転の家」（まよいの家）と教えてくださいました。「輪転の家」ですから、いつも同じ部屋にいるわけでなく、その時その時顔を出す煩悩によって各部屋を流れ者のようにくるくる輪が回るように転じているのです。

すなわち、「正信偈」に、

生死輪転《しょうじりんでん》の家《いえ》に還来《かえ》ることは、決《けっ》するに疑情《ぎじょう》をもつて所止《しょし》とす。（二〇七頁）

とお示しくださいました。

「疑情」とは「阿弥陀仏の本願を疑い、はからう心」、「所止」とは「迷いの世界に止まるところの理由」です。

まず、第一願に「国に地獄・餓鬼・畜生あらば」とあるのは、無量の光の世界（浄土）には、「地獄（瞋恚の煩悩に生きるもの）・餓鬼（貪欲の煩悩に生きるもの）・畜生（愚痴の煩悩に生きるもの）」が居ないようにと誓ってくださったのです。

そして、第二願は「国中の人天（人間・天人）」に住する身になったものが、「この身」の終った後に再び「地獄・餓鬼・畜生」に退転しない身にしてやりたいという誓いです。「国中の人天」であれば、完全に疑の雲霧が消えて、光を直接「この身」に浴びる（仏に成る）ことはなくても、光に触れる機縁（チャンス）があるのです。第二願から第十一願（必至滅度の願）まで、「国中の人天」を目当てにした誓いが続きます。

そして、真実の目覚めを実現した真の覚者（仏陀）となり、開かれた広大無碍の世界（浄土）を明かす十二願（光明無量の願）と十三願（寿命無量の願）となるのです。

十五願・十六願・二十一願・二十七願・三十八願・三十九願と「国中の人天」と、光の中に住していても、「疑の雲霧」に覆われて、なかなか光に触れられない邪見の人間と憍慢の天人を目当てにして喚びかけ続けてくださる願が続きます。

私はこれらの「国中の人天」に喚びかけ続けてくださる願は、第十一願の「定聚（正定聚）に住し」たものの恵まれる「真実の利」（現生十種の益・現世利益和讃）のあり方を詳細に明らかにしてくださったものだといただいています。

第三章　凡夫を差別なき世界に

一、悉皆金色の願（第三願）

たとひわれ仏《ぶつ》を得《え》たらんに、国中《こくちゅう》の人天《にんでん》、ことごとく真金色《しんこんじき》ならずは、正覚《しょうがく》を取《と》らじ。（一六頁）

「国中の人天」とは、第二願で語ったように、広大無碍の開かれた光の国（無量光明土）、すなわち阿弥陀仏の浄土の真ん中にありながら、小さな我の殻にこもって、光を拒否している「邪見・憍慢の悪衆生」（「正信偈」二〇四頁）である人間と天人です。

① 凡夫と仏の人間を見る眼の違い

「邪見・憍慢の悪衆生」である私たちは、同じ人間を見るにも、「好き・嫌い」、「皮膚の色」などで「上・下」、「貴・賤」等と自分の価値観で差異をつけます。

そこには、知らず知らずに植え込まれた「思い込み」、「先入観」があります。それは時には極端な「差別」や「悪意」になります。

『教行証文類』の「信巻・末」に引用されている『涅槃経』には、マガダ国のアジャセ王に、医師のギバが告げた言葉が、

大王《だいおう》、諸仏世尊《しょぶつせそん》、もろもろの衆生《しゅじょう》において、種姓《しゅしょう》（氏族・家柄）・老少中年《ろうしょうちゅうねん》・貧《ひん》富《ぷ》・時節《じせつ》・日月星宿《にちがつしょうしゅく》（日や星回りの善し悪し）・工巧《くぎょう》（手仕事をする人）・下賤《げせん》・僮僕《どうぼく》・婢使《ひし》（召使いの男女）を観《み》そなはさず、ただ衆生《しゅじょう》の善心《ぜんしん》あるものを観《み》そなはす。

（二七九～二八〇頁）

とあります。現在の視点で読むと随分ひどい差別語もありますが、この文を私は、

真実に目覚められた仏陀（覚者）は、人の年齢・職種などを見るのではなく、その人の「他の人を思いやる心」（善心）だけを見ておられるのです。

といただいています。先に引用した鈴木大拙師の『親鸞教行信証（現代日本語訳）』には、

ああ陛下、〈世界に尊敬される、覚った方〉すべては、あらゆる者をそのカースト、年齢、財産、時候、月日、星座、職種、地位などについて、如何なる形でも差別しないのです。〈覚った方〉はすべての者の道徳性だけを見て取ります。

と訳されています。

「カースト」とは封鎖的な身分階級のことで、インドではお釈迦さまの誕生以前から社会的身分や職業の一切までが「カースト」の区分による非道な差別がありました。お釈迦さまは「カースト」を全く否定されました。

第二次世界大戦後インドは独立し、新憲法では「カースト」はすべて否定されました

が、憲法の法文から消えても、「カースト」による差別が現存しています。仏陀は、「如何なる形でも差別しない」方でした。

『涅槃経』の「善心」も鈴木大拙師訳の「道徳性」も個人の内面的なもので、私は「他の人に対する思いやり・優しさ」のことだと領解しています。

いろいろな事柄を盾にとって差別する人間は、本人がどれほど努力し、改めようとしても改めることのできない皮膚の色でさえ、差別の材料とするのです。

第三願は、すべての人間から、皮膚の色で差別する不幸を除いてやりたいという悲願です。第三願をいただくにあたって注意しなければならないことは、「ことごとく真金色」とは、全人類の皮膚の色を「真金色」という一つ色にしてやろうということでは決してありません。

「金」は、光輝の美麗なこと随一の貴金属です。ですから「ことごとく真金色に」とは、「すべての人の皮膚の色を美麗な天下随一に光り輝くものに」という阿弥陀仏のおこころです。

黒人は黒人の黒い皮膚が美麗天下随一に光り輝き、黄色系の人はその黄の皮膚が美麗天下随一に光り輝き、白人はその白い皮膚が美麗天下随一に光り輝くことです。それが第三願の「こころ」です。

②『阿弥陀経』に学ぶ

『阿弥陀経』に、執らわれのない真に目覚めた方（阿弥陀仏）の開かれた広大無碍の世界（浄土）の様子を象徴的に説き明かされています。すなわち、

極楽国土《ごくらくこくど》（浄土）には七宝《しっぽう》の池《いけ》あり。（中略）四辺《しへん》の階道《かいどう》（階段状になった道）は、金《こん》・銀《ごん》・瑠璃《るり》・玻璃合成《はりごうじょう》せり。上《うえ》に楼閣《ろうかく》（高殿）あり。また金《こん》・銀《ごん》・瑠璃《るり》・玻璃《はり》・硨磲《しゃこ》（シャコ貝科の大型二枚貝でつくった装飾品）・赤珠《しゃくしゅ》・碼碯《めのう》をもつて、これを厳飾《ごんじき》す。池《いけ》のなかの蓮華《れんげ》は、大《おお》きさ車輪《しゃりん》のごとし。青色《しょうしき》には青光《しょうこう》、黄色《おうしき》には黄光《おうこう》、赤色《しゃくしき》には赤光《しゃくこう》、白色《びゃくしき》には白光《びゃくこう》ありて、微妙香潔《みみょうこうけつ》なり。

（一二二頁）

とあります。

七宝で飾られ、青・黄・赤・白とそれぞれの色が輝く浄土に住む諸仏方も皮膚の色がそれぞれ違うのが自然で、それぞれの皮膚の色を光り輝かせておられるのです。

第三願のおこころは、皮膚の色で優劣・上下などの差別をし、互いに憎しみを深め合う「人天」に、皮膚の色で、差別し合い悲しめ合うことのない世界を実現してやりたいというおこころであると、私はありがたく感佩《かんぱい》しています。

二、無有好醜の願（第四願）

> たとひわれ仏《ぶつ》を得《え》たらんに、国中《こくちゅう》の人天《にんでん》、形色不同《ぎょうしきふどう》にして、好醜《こうしゅ》あらば、正覚《しょうがく》を取《と》らじ。
>
> （一六頁）

① 柳宗悦『美の法門』

私が初めて第四願のご文を読んだ時の第一印象は、「仏さまの国は味気ない世界だな」

ということでした。

同じ形のものばかり、それも同色のものばかり、それに好醜もない。そんな世界に住んだら息が詰まり、その退屈さに耐えるのは苦痛だなと思いました。

その思いが一転したのは民芸（民衆的工芸）運動を発足させ、その中心的指導者として活躍された柳宗悦の『美の法門』に遇ってからです。

私の目を開いてくださった柳宗悦の文章を一文だけ引用します。

「無有好醜」というのは、よくその文字が示唆致しますように、美醜という二元的な考えを、浄土では許し難いといっているのであります。つまり浄土は不二の国土でありますから、美と醜という二つの別が入り得る境地ではないのであります。もともとこの願は、形や色のある、つまり目に見える有形のものについて述べているので、必然その本質的な価値たる美しさが、どんな性質のものでなければならないか、この問題に触《ふ》れております。

そうして仏法の通念と致しまして、その美しさは当然「不二の美」でなければなりませんから、単に「醜に対する美」の如き二元論に分別された美は、浄土では重い意味を齎《もた》らしません。相対的に終っているからであります。

（一二四～五頁）

この文ではっきりすることは、「浄土」は「不二の国」、私たちの住む世界「穢土」は「分別の国」です。好醜は「不二の国」の「浄土」になく、「分別の国」である「穢土」にあるのです。

②　私たちの見方

見るもの、聞くもの、触れるもの、すべてを、私たちは自分の先入観や好みで分別して見ることしかできない「穢土の人民」です。私たちは形も自身の好みで見、色を自分中心の見方で「善し悪し」を言い、すべてを好醜で見ています。

善悪、上下、優劣等をつけ、区別するだけでなく、差別をします。そんな悲しい見方をする世界から、それぞれをありのままに見、それぞれの美に頭の下がる「いのち」にしてやりたいという願いが第四願であり、いかなる差別もない国が浄土です。

第四願で教えてくださる「形色は違っても、みんな美しい」世界（浄土）に生まれさせてやりたいという如来の深い想いを受け取らない人がいます。

文字面だけを見て、浄土に生まれて「同じ形、同じ色で、誰が誰か見分けのつかない仏」になると思っている人がいます。全く滑稽な話です。

第四章　凡夫に神通力を与えたい

一、令識宿命の願（第五願）

たとひわれ仏《ぶつ》を得《え》たらんに、国中《こくちゅう》の人天《にんでん》、宿命《しゅくみょう》を識《さと》らずして、下《しも》百千億《ひゃくせんおく》那由他《なゆた》の諸劫《しょこう》の事《じ》を知《し》らざるに至《いた》らば、正覚《しょうがく》を取《と》らじ。（一六頁）

① 六神通について

第五願の「宿命」、第六願の「天眼」、第七願の「天耳」、第八願の「他心」、第九願の「神足」、第三十九願の「漏尽」の六つを六神通または六通といいます。

『浄土真宗聖典（註釈版）』の「巻末註」に、

すぐれた智慧に基礎づけられた自由自在な活動能力。　（一五五二頁）

と記され、「宿命通」に「自己や他人の過去のありさまを知る能力。」とあります。

私は「自己の過去のありさまを知る能力」と限定します。「他人の過去のありさまを知る能力」をも得たとしたら、多くの人は「占い師」となり、時には他の人の人生を狂わせることになるからです。

②　信心の智慧と宿命通

「信心の智慧」をいただけば、まず、「今、ここにいる自身」に目覚めます。

中国浄土教の大成者である善導大師（六一三～六八一）の『観経疏』「散善義」のお言葉を借りれば、

自身《じしん》は現《げん》にこれ罪悪生死《ざいあくしょうじ》の凡夫《ぼんぶ》　（『浄土真宗聖典（七祖篇）』四五七頁）、

と「この世」の自身のあり方に深く目覚めたら、自身の宿命（過去世）もおのずから、

曠劫《こうごう》よりこのかたつねに（罪悪）没《もっ》しつねに（生死）流転《るてん》して　（『同』）

ぬ「後生」の自身のあり方もおのずから、

「この世」のありのままの自身を知り、「過去世」のありのままの姿を知れば、まだ来

きたありさまを知ることができます。

（生死輪転の現実から）出離《しゅつり》の縁《えん》あることなし。　（『同』）

と、明らかになるのです。ただ昨日も過ぎた、今日も終わった。明日はどうなるかと空しく日を送っている人には、昨日が自身にとってどういう日か、今が自身にとってかけがえのない日だなどと考えないでしょう。

「明日は明日の風が吹く」と、無自覚に時間を空費している人です。

第五願は、一人ひとりが二度とない一日一日を、過去を振り返り、未来を望んで、かけがえのない大切な「いのち」を生きてほしいという、如来さまのおこころを届けてくださる誓願です。

最後に「那由他」とは数の単位で、天親菩薩（四〇〇～四八〇頃）の「倶舎論」では十の十一乗とされ、「劫」はインドの時間の単位で極めて長い時間のことです。

二、令得天眼の願（第六願）

たとひわれ仏《ぶつ》を得《え》たらんに、国中《こくちゅう》の人天《にんでん》、天眼《てんげん》を得《え》ずして、下百千億那由他《しもひゃくせんおくなゆた》の諸《しょ》仏《ぶつ》の国《くに》を見《み》ざるに至《いた》らば、正覚《しょうがく》を取《と》らじ。（一六頁）

① 天眼とは

天眼とは、智慧の眼です。すべてのものを、自身の「我心」で分別することなく、また自分の都合のいいように色をつけて見るのではなく、ありのままに見る眼です。

仏さまは「如実智見」で、「あるがままにものを見る」智慧の眼の持ち主です。

それに比べ、私たちの眼は、自分のおかれた立場や、その時の自分の都合に合わせ、もののも人もすべて分別の眼で見ています。

② 一水四見

法相宗（奈良薬師寺・京都清水寺等）の唯識論（あらゆる存在・事象は、心の本体である〈識〉のはたらきによって仮に現れ出されたものという説）で使われる譬に「一水四見」・「一境四見」があります。

同じ水を、天人は宝で飾られた池、人間は水、餓鬼は膿血、魚は住処と見ることで、同一対象でも見る者の立場が異なると、おのおの異なった見解を抱く（『新仏教辞典』）ということです。

私自身で考えてみても、お腹のすいている時は食べもの屋の看板がよく眼にとまり、一杯飲みたいなという気分の時は、私の眼は飲み屋を探しています。（若い時の話です）

服装に関心の強い人は、どうしても洋品店に眼がいくでしょう。自分の好みのものが安く手に入る店を知っているのも、自分の好みのはっきりした人です。

例を挙げればきりがありません。そこには何も問題がないようですが、私たちは自分の好みを最優先し、自分の眼が確かだと思い込み、他の人の眼はおかしいと思うから難しいことになるのです。

たくさんの食堂が同時に、友人・夫婦・親子の眼に入ってくると、「私はこちらの店がいい」・「僕はこちらの〇〇が好きだ」となります。どちらかが折れればいいのですが、「我」の強い人間の集まりですから、店一つ決めるのも難しくなり、友人との仲があやしくなり、親子でも言葉を交わすことが少なくなったりします。

現代は昔に比べ離婚率はかなり高いようです。嫌で一緒になる人はいないと思いますが、理由は「性格の不一致」・「趣味が合わない」等ともっともらしいものですが、もとを正すと、自分の見る眼の間違いではないでしょうか。すべての人があるがままにものを見る眼をもっていたら、この世の悲劇は今ほど多く起こるはずはありません。

「如実智見」という仏の眼にほど遠い眼をもつ自身に少しでも気づき、慚愧（自己中心の眼を正当化しているという気づき）が少しでも芽生えれば人生は大いに変わり、いろんな束縛を離れ自在になれると思います。第六願を誓ってくださった如来さまのおこころを、自身のあり方に当てて味わいたいものです。

三、天耳遥聞の願（第七願）

たとひわれ仏《ぶつ》を得《え》たらんに、国中《こくちゅう》の人天《にんでん》、天耳《てんに》を得《え》ずして、下百千億那由他《しもひゃくせんおくなゆた》の諸《しょ》仏《ぶつ》の説《と》くところを聞《き》きて、ことごとく受持《じゅじ》せざるに至《いた》らば、正覚《しょうがく》を取《と》らじ。

（一六頁）

① 神通力とは

第七願で説かれる天耳も六神通力の一つです。「神通力」の「神」は「人知以上のものの称」（神秘）の意味もありますが、私は「精神」（心）の「神」と領解し、「神通力」を他の人の精神（心）や気持ちに通じる能力と領受しています。

天眼が智慧の眼であると同じように、天耳は智慧の耳で、自分の都合や他の人の言葉等に惑わされることなく、人の言葉をありのままに聞くことのできる耳をいうのです。

私たちの耳は自分の恣意で聞いたり、周りの人がそれぞれの立場で、いろんなことを言う雑意に耳を奪われて、相手の言葉をありのままに聞くことが少なく、聞き違いがしばしば生じ、争わなくてもいいことで争う結果を招くことがあります。

② 言葉は何のためにあるのか

私は先輩から「言葉は何のためにあると思う」と問われたので、すかさず「言葉は相互理解のためにあると思います」と答えると、「藤田君は若いな」と言って笑われたことがあります。少しムカッときた私は、先輩に「言葉は何のためにあるのですか」と強く反発しました。

すると、先輩は「怒ったのか、よく聞けよ。言葉は確かに相互理解のために生まれたものだ。地球上の生きものの中で、人間ほど言葉を駆使して相互理解に努めているものはいないだろう。ところが現実は、人間ほど言葉の行き違いで争っている生きものはいないよ」と言われたのです。

しばらく考えてみましたが、先輩の問いに上手に答えられません。そこで「じゃあ、先輩は言葉は何のためにあると考えておられますか」と問いました。

先輩はニヤッと笑って、「皮肉だけどな、言葉は相互誤解、相互不信のためにあるのではないか、俺は時々本気でそんなことを考える」と言われ、しばらく間をおいて、「本当は、この耳に問題があるんだよな」と言われたのです。

私は「なるほど」と思いました。

相手の言葉と自分の耳との間に、猥雑なものがたくさん入ってくるのです。自分の都合、先入観、相手の値踏みなどが障害物になっているのです。

智慧の耳は、何も遮ることのない広い世界のこと、遙かなる昔のこと、そして小さな声もありのままに聞こえる耳、そんな耳の持ち主にしてやりたいというのが第七願を誓ってくださる阿弥陀仏のこころです。

四、他心悉知の願（第八願）

たとひわれ仏《ぶつ》を得《え》たらんに、国中《こくちゅう》の人天《にんでん》、他心《たしん》を見《み》る智《ち》を得《え》ずして、下百千億那《しもひゃくせんおくな》由他《ゆた》の諸仏国中《しょぶつこくちゅう》の衆生《しゅじょう》の心念《しんねん》を知《し》らざるに至《いた》らば、正覚《しょうがく》を取《と》らじ。（一六頁）

①　他の人の心がわかる

私たちは他の人の行動・行為を、ありのままに見て、そこに自分中心の邪見・偏見の眼を入れなければ、その人の思いや心はある程度、自然にわかります。

また、他の人の会話や言葉をありのままに何のこだわりもなく素直に聞いていれば、その人の考え方や思想もある程度わかります。

でも、それはあくまである程度であり、すべてがわかる訳ではありません。

人間は、自分の心もありのままにわかっていません。自分の心の内面ぐらいは自分で全部わかっていると思っている人がいるなら、大きな思い違いです。

自分の予期したことのない場面に遭遇した時、普段は、こういう時にはどんなことがあっても、こういうことだけは絶対すまいと思っていたことをやったり、何があっても、この言葉だけは口にすまいと思っていた言葉が口から飛び出し、自分の言葉に自分が驚くことがあります。

② 親鸞聖人の真意と唯円房の驚き

『歎異抄』の十三条に親鸞聖人と唯円房の会話があります。

あるとき、「唯円房《ゆいえんぼう》はわがいふことをば信《しん》ずるか」と、仰《おお》せの候《そうら》ひしあひだ、「さん候《ぞうら》ふ（信じます）」と、申《もう》し候《そうら》ひしかば、「さらば、いはんことたがふまじきか」と、かさねて仰《おお》せの候《そうら》ひしあひだ、つつしんで領状《りょうじょう》（承諾）申《もう》して候《そうら》ひしかば、「たとへば（まずもって）ひと千人《せんにん》ころ（殺）してんや、しからば往生《おうじょう》は一定《いちじょう》すべし」と。

（八四二頁）

この親鸞聖人のお言葉を聞いた唯円房の驚きはいかばかりであったでしょう。長年膝を交えて、み教えをやさしく話してくださった師の言葉とは思えなかったに違いありません。親鸞聖人のおこころがわかっていたつもりの唯円房は、改めて恐る恐る聖人のお顔を見たことでしょう。

親鸞聖人の続いてのお言葉を聞いて、唯円房は「ああ、聖人はこのことを教えてくださるためであったのか」と、聖人のおこころを感佩されたのです。すなわち、

われらがこころのよきをばよしとおもひ、悪《あ》しきことをば悪《あ》しとおもひて、願《がん》の不思議《ふしぎ》にてたすけたまふといふことをしらざることを、仰《おお》せの候《そうら》ひしなり。

（八四三頁）

どれほど深い交わりがあっても、相手の真意を見通す力はありません。

たった一つそのことを可能にする道は、

三業《さんごう》（身・口・意の行為）の所修《しょしゅ》、乃至一念一刹那《ないしいちねんいっせつな》も、疑蓋《ぎがい》（私心・私情の思い）雑《まじ》

はることなき

（『教行証文類』「信巻・末」二三五頁）

如来の大悲心に目覚め（信）、「苦悩の群生海を悲憐して、無礙広大の浄信」（二三五頁）を、この身にいただく以外に「他心を見る智を得」ることは不可能です。「浄心」を開発《かいほつ》することによってのみ「諸仏国中の心念を知」ることができるのです。この「諸仏国中の心念を知」ることなしに、戦争の絶えない恐ろしい時代、同じ人間同士が差別する悲しい情況の終焉を迎えることはないでしょう。

五、神足如意の願（第九願）

たとひわれ仏《ぶつ》を得《え》たらんに、国中《こくちゅう》の人天《にんでん》、神足《じんそく》を得《え》ずして、一念《いちねん》のあひだにおいて、下百千億那由他《しもひゃくせんおくなゆた》の諸仏《しょぶつ》の国《くに》を超過《ちょうか》することあたはざるに至《いた》らば、正覚《しょうがく》を取《と》らじ。

（一七頁）

①　忍者の如し

『浄土真宗聖典（註釈版）』の「巻末註」に「①神足通。欲する所に自由に現れることができる能力」（一五五二頁）と註釈されています。

昔の人の中には「天眼通」・「天耳通」を最大限に駆使して、忍者の如く、尋常の者では考えられない速さで目的地に到着した人もいたと思います。

今の日本では、交通機関が発達し、パソコンで時刻表を調べて、飛行機・列車・車等を駆使すれば、短時間で希望の地に至ることができます。

私たちの暮らす現代の日本は、とても交通網が発達しているので、移動にさほど不便は感じません。しかし、それはあくまで今の日本の現状を見ての話で、世界にはまだまだ神足通を熱望している人びとの住む地域が多いでしょう。そんな私たちへのおこころ遣いにただ頭が下がるばかりです。

②　私の神足体験

㋐　もう三十年以上前（今年は二〇一六年）、私が本願寺に勤めていた頃の話です。

四十過ぎの元気盛りでした。前日に鹿児島別院でお話をして、当日の朝、鹿児島空港から伊丹空港に飛び、いったん本願寺の自席に戻り、たまっている書類に目を通し、午後三時過ぎの伊丹空港発新千歳空港行きに乗り、夜は友人数名とススキノでグラスを交えていました。

昔の人が聞けば、そんなことができるはずがないと思うことでしょう。そう思うのが当然です。

㋑

私には、もっときわどいことがありました。私にとっても一生忘れられない思い出です。それは五十半ばの頃のことです。

吉野の近鉄下市口駅に近いお寺の「報恩講」のご縁でした。文字通り日本全国のお寺を飛び回っていた時で、手帳をゆっくり見ていなかったのです。

二日目の夜、明後日はどこのお寺に寄せていただくのかと、手帳を開いて、慌てました。

明日の晩の席（七～九時）でこのお寺の「報恩講」は終わり、その翌日の昼席（一時～）から、北海道帯広市の南、太平洋に面する広尾町の真宗大谷派（お東）のお寺の「報恩講」三日間を約束していたのでした。

私は夜寝るどころか「時刻表」と首ったけで調べました。

夜の九時にお話を終え、若院さんに近鉄橿原神宮前駅まで送ってもらい、最終の京都行き特急に乗りました。そして、京都から当時はまだあった夜行列車に乗り、東京駅に朝六時過ぎに着きました。

羽田空港発十時の帯広空港行きに乗ると、十一時半に到着。広尾のお寺に東京から電話して迎えに来てもらいました。

お寺に午後零時半着、喚鐘が午後一時に鳴り始めました。白衣・布袍に着替え、息を整え、案内を待ちました。昼食のことはまったく覚えていません。

これから先は、私の体験など驚きでも何でもない時代が来るでしょう。

近い将来、全自動の車が街を走り、数名乗りのドローンができ、庭から庭の移動も夢ではありません。神足通を語る人がいなくなる時代は、もう眼前です。

それが人間にとって良いことか、悪いことか、幸せか不幸か、私にはよくわかりませんが、足だけが速くなり短時間に遠距離まで行く、行動範囲だけが広がるのです。しかし、人間にとって何か大切なものを見失っていくような気がします。

六、不貪計心の願（第十願）

たとひわれ仏《ぶつ》を得《え》たらんに、国中《こくちゅう》の人天《にんでん》、もし想念《そうねん》を起《おこ》して、身《み》を貪計《とんげ》せば、正覚《しょうがく》を取《と》らじ。（一七頁）

① 自由を奪う想念

私たちの身の自由を奪うものはたくさんあります。それらのほとんどの原因は自分の想念です。少し例を挙げてみたいと思います。

㋐ 世間の人は私を悪い人間だと思っているのではないか、あの人の目を見ているとそう思える。彼の言葉の端々に私をよく思っていないことが表れている。

㋑　先生の態度の中に、僕を無視する様子がある。僕をよく思っていない証拠だ。
㋒　父の言葉の端々に兄を大切にし、弟の僕を邪魔者扱いしていると思ったり、母が、姉が、友人が、先輩が、隣の人が、と想念を膨らませていく。

また、自分でいろんなことを夢想して、自分には今の仕事は合ってない、あの人のような仕事に就けたらと思って、働く意欲をなくしたり、極端な場合は生きる希望すら失ってしまう人がいる。

本当かどうかわからない想念、それは他の人のことだけでなく、自分に対する間違った想念。私たちの想念には限りがない。社会に対する想念、自分の将来に対する想念。

それらが楽観的な想念ならいいのですが、多くは悲観的な想念に縛られて、自分で自分を身動きならなくしてしまう人がいます。

自分の想念からいっときも早く抜け出して、自分は自分に与えられた「いのち」を精いっぱい生きられるようになれば、身は軽くなり自在を回復します。

世の中の人は「一生懸命に与えられた仕事」をすれば、「やり過ぎる」といい、少し手を抜くと「横着だ」といい、どちらにしても、人の口に戸は建てられません。

誰が何と言おうと、他の人と比較することはないのです。自分のやれるだけのことを精いっぱいやればいいのです。私たちの一番困ったところは、自分の想念に執着しとらわれること。自分の想念に貪計することです。

他の人が誤った想念に縛られて苦しんでいるのはよく見えるのです。だから「それは君の思い過ごしだよ」とか、「誰も君のことをそんなふうに思っていないよ」・「それは自分で思い込んでいるだけだよ」と、アドバイスはできるのです。

それが、自分のことになると、自分で作った想念に貪計（執着）して、自分で自分を狭い世界に追い詰め、身の自由を失うのです。そんな私たちを、広大な世界に解放し、無碍の世界に出してやりたいというのが第十願の深意です。

第五章　「真実の利」を証す

一、必至滅度の願（第十一願）

たとひわれ仏《ぶつ》を得《え》たらんに、国中《こくちゅう》の人天《にんでん》、定聚《じょうじゅ》に住《じゅう》し、かならず滅度《めつど》に至《いた》らずは、正覚《しょうがく》を取《と》らじ。（一七頁）

①「定聚」とは

「定聚」とは「正定聚」のことで、「必ずさとり（真理に目覚めること・覚）を開いて、仏（覚者）になることが正しく決定した仲間」のことです。

仏教では一般に「道を求める人（菩薩）」が、仏（覚者）になるのに修道の階位が五十二あると説くのです。この修道の階位は十信・十住・十行・十廻向・十地（それぞれに十の階位がある）・等覚・妙覚（仏）の五十二ですが、十地の一番目の階位を初地といいます。初地の階位まで修道してきた菩薩は、もう決して退転することがないので、「不退転位」ともいい、身心よろこびに満ちた「歓喜地」ともいいます。

「正定聚に住」する人とは、この「不退転位」・「歓喜地」、すなわち、もう何があっても迷い（生死）の世界、「生死輪転家」（まよいの家）に退転することのない仲間に入るのです。正定聚はこの肉体を滅してから（死後）の話ではありません。この世でこの身が「摂取不捨の真言」（名号）・「超世希有の正法」を「聞思」して、

遇《あ》ひがたくしていま遇《あ》ふことを得《え》たり、聞《き》きがたくしてすでに聞《き》くことを得《え》たり。

（『教行証文類』「総序」一三二頁）

という信心開発の今、即時に実現する「真実の利」です。

このことをお慶びになった親鸞聖人のお言葉をいただきます。まず、

いかにいはんや十方群生海《じっぽうぐんじょうかい》（われら）、この行信《ぎょうしん》（信を開いてくださる名号）に帰命《きみょう》すれば摂取《せっしゅ》して捨《す》てたまはず。ゆゑに（この法則）阿弥陀仏《あみだぶつ》と名《な》づけたてまつると。

これ（摂取して捨《す》てない法則「はたらき」）を他力《たりき》といふ。

ここ（行信に帰命す）をもつて龍樹大士《りゅうじゅだいじ》は「即時入必定《そくじにゅうひつじょう》」（『十住毘婆沙論』易行品）といへり。曇鸞大師《どんらんだいし》は「入正定聚之数《にゅうしょうじょうじゅしじゅ》」（『浄土論註』・上意）といへり。

（『教行証文類』「行巻」一八六～一八七頁）

とあります。

「即時入必定」とは「信心を獲得（開発）すると同時に、必ず仏になることに定まった位に入ること」（脚註一八八頁）です。

「入正定聚之数」とは、「正定聚の仲間入りをすること」です。『論註』の原文には「入大乗正定聚」とあり、「大乗」の言葉が省略されていますが、「利他行」を大切にする「大乗仏教」を聖人は軽んじられたのではありません。『親鸞聖人御消息』第一通の、

浄土真宗《じょうどしんしゅう》は大乗《だいじょう》のなかの至極《しごく》なり。（七三七頁）

のお言葉で明らかです。次に『浄土文類聚鈔』（『略典』）には、

あきらかに知んぬ、煩悩成就の凡夫、生死罪濁の群萠（われら）、往相の心行（浄土に生まれさせたいという阿弥陀仏の喚び声〈大行〉）を獲れば（信受すれば）すなはち大乗正定の聚に住す。

正定聚に住すればかならず滅度に至る。かならず滅度に至るはすなはちこれ常楽（永遠の自在・煩悩にも縛られない境地・涅槃の徳）なり。常楽《じょうらく》はすなはちこれ大涅槃《だいねはん》なり。大涅槃《だいねはん》はすなはちこれ利他教化地《りたきょうけじ》の果《か》なり。（四八二頁）

とあります。さらに『親鸞聖人御消息』第一通に、

真実信心《しんじつしんじん》の行人《ぎょうにん》は、摂取不捨《せっしゅふしゃ》のゆゑに正定聚《しょうじょうじゅ》の位《くらい》に住《じゅう》す。このゆゑに臨終《りんじゅう》まつこ

となし、来迎《らいこう》（俗にいう「お迎え」）たのむ（力としてたよる）ことなし。

信心《しんじん》の定《さだ》まるとき往生《おうじょう》また定《さだ》まるなり。（七三五頁）

とあります。

私が、学生時代ご指導をいただいた名古屋大学の上田義文名誉教授は、宗教新聞「中外日報」昭和四十四年十月に掲載された、「仏教とは何か」という論文の中で、

親鸞は往生浄土という思想を臨終の立場から切り離して平生の立場に据えたことによって、往生思想の本質を変えてしまったということができよう。

彼は往生思想を伝統的な来世信仰から切り離して、『今、ここ』という現在の立場に立たしめることによって、大乗仏教の一傍流にすぎなかった往生思想を、その本流に位置せしめた。

親鸞が正定聚と滅度を区別して、そして正定聚について往生を得ると言った時、臨終から切り離された平生の立場が明らかな自覚の下に確立された。

と指摘されています。この指摘を大切にして十一願をいただいていきます。

②「定聚に住」する念仏者の生き方

では「正定聚」の念仏者は、この世をどのように生きるのでしょうか。

親鸞聖人は「正定聚」の人、すなわち信心の行人である念仏者の生き方を具体的に、「現生十種の利益」として明らかにお示しくださいました。すなわち、

> 金剛の真心（本願力回向の信心）を獲得（信受）すれば、（中略）かならず現生に十種の益を獲。なにものか十《じゅう》とする。
> 一《ひと》つには冥衆護持《みょうしゅごじ》（諸菩薩や諸天善神につねにまもられる）の益《やく》、
> 二《ふた》つには至徳具足《しとくぐそく》（名号にこめられた尊い徳が念仏者の身にそなわる）の益《やく》、
> 三《み》つには転悪成善《てんあくじょうぜん》の益《やく》、
> 四《よ》つには諸仏護念《しょぶつごねん》の益《やく》、
> 五《いつ》つには諸仏称讃《しょぶつしょうさん》の益《やく》、

六《む》つには心光常護《しんこうじょうご》の益《やく》、
七《なな》つには心多歓喜《しんたかんぎ》の益《やく》、
八《や》つには知恩報徳《ちおんほうとく》の益《やく》、
九《ここの》つには常行大悲《じょうぎょうだいひ》の益《やく》、
十《とお》には正定聚《しょうじょうじゅ》に入《い》る益《やく》なり。

（『教行証文類』「信巻・末」二五一頁）

と示されます。

十種の現生（この身）の利益の中で、十番目の「正定聚に入る益」は、総益といい、現生の利益を総括するものです。

一番目から七番目までが「往相回向の利益」です。

八・九番目が「還相回向の利益」です。

この視点に立って、現生の利益を語っていきたいと思います。

③「回向」ということ

まず、「回向」について、親鸞聖人のお示しをいただきますと、

「回向《えこう》」は本願《ほんがん》の名号《みょうごう》をもつて十方《じっぽう》の衆生《しゅじょう》にあたへたまふ御《み》のりなり。

（『一念多念証文』六七八頁）

とあります。「南無阿弥陀仏」は、阿弥陀仏が「十方の衆生」（われら）を「拯ひ真実の利を恵まんと欲してなり」という具体的な「はたらき」（法）なのです。

阿弥陀仏の「回向」（すくいの「はたらき」）の中身は「往相」（浄土に向かって生きて往く・浄土に生まれて往く「はたらき」）と、「還相」（「この世」〈穢土〉の人たちをすくいに還って来る「はたらき」）です。

『高僧和讃』で曇鸞大師の教えを、親鸞聖人は、

弥陀《みだ》の回向成就《えこうじょうじゅ》して

往相《おうそう》・還相《げんそう》ふたつなり
これらの回向《えこう》によりてこそ
心行《しんぎょう》（本願の名号）ともにえしむなれ
（五八四頁）

と讃嘆されます。

「南無阿弥陀仏」は、煩悩具足の凡夫であるこの身を、浄土に向かわしめる「はたらき」であり、浄土に生まれさせる「はたらき」（往相回向）であると同時に、

「凡夫」はすなはちわれらなり
（『一念多念証文』六九二頁）

ということですから、この身だけでなく「われら」と共に浄土に向かわせ、共に浄土に生まれさせる「はたらき」（還相回向）なのです。

「本願の名号」（往還二回向）を聞思することにより「真実信心」（往還二回向）を凡夫の身に賜るのです。その「真実信心」について親鸞聖人は、

真実信心《しんじつしんじん》はすなはちこれ金剛心《こんごうしん》なり。金剛心《こんごうしん》はすなはちこれ願作仏心《がんさぶっしん》（仏に作さんと願う心）なり。願作仏心《がんさぶっしん》はすなはちこれ度衆生心《どしゅじょうしん》なり。度衆生心《どしゅじょうしん》はすなはちこれ衆生《しゅじょう》を摂取《せっしゅ》して安楽浄土《あんらくじょうど》に生《しょう》ぜしむる心《しん》なり。この心《しん》すなはちこれ大菩提心《だいぼだいしん》なり。この心《しん》すなはちこれ大慈悲心《だいじひしん》なり。この心《しん》すなはちこれ無量光明慧《むりょうこうみょうえ》（はかりしれない阿弥陀仏の智慧）によりて生《しょう》ずるがゆゑに。

（『教行証文類』「信巻・末」二五二頁）

と明らかにし、また『正像末和讃』で、

浄土《じょうど》の大菩提心《だいぼだいしん》は
　願作仏心《がんさぶっしん》をすすめしむ
すなはち願作仏心《がんさぶっしん》を
　度衆生心《どしゅじょうしん》となづけたり

（六〇三頁）

と讃嘆されています。

この「大菩提心」（信心）の証（あかし）が「真実の利」である利益なのです。

利益には「この世の利益」（現世利益）と、臨終と同時に与えられる「当来の利益」（浄土に生まれ仏になる）があります。仏教は「現世の利益」と「当来の利益」を証とする二益法門です。すなわち今生と後生の二世にわたってご利益をいただく教えです。「現世（この世）の利益」だけ説く一益法門でなく、また死後の利益だけ説く教えでもありません。「当来（後世）の利益」の中身が「滅度に至る」（仏に成る）ですが、そのことは「現世の利益」の後で詳しく語ります。

「定聚に住し」（十、正定聚に入る）の「現世の利益」には、「往相回向の利益」と同時に「還相回向の利益」があります。親鸞聖人は、

南無阿弥陀仏《なもあみだぶつ》の回向《えこう》の
　恩徳広大不思議《おんどくこうだいふしぎ》にて
往相回向《おうそうえこう》の利益《りやく》には

還相回向《げんそうえこう》（の利益）に回入《えにゅう》（ひるがえって入る）せり　（『正像末和讃』六〇九頁）

と明らかにしてくださいました。

④　真宗の全体像

今ここで真宗の教えの全体像を図示して、本願の順序と親鸞聖人の『教行証文類』の説述の順を確認しながら、「現生十種の益」、すなわち「正定聚」の仲間入りをした念仏者の利益の生活を語っていきたいと思います。

本　願	本　典
十二願（無量光の願） 十三願（無量寿の願）	真仏土巻
十七願	行　巻
十八願	信巻（本）
二十二願	信巻（末）
十一願	証　巻

内容	真仏（光如来） 真土（無量光明土）	名号（大行）	大菩提心（信心）	証 （現生の利益）	（当来の利益）
「はたらき」	すくいの根源	往相回向 還相回向	→願作仏心 →度衆生心	→往相回向の利益 →還相回向の利益	滅度（利他円満の妙位）

この表で気づくことは、「証（あかし）」である「利益」を誓った願は、順序からいうと十八願の後でもいいはずなのに、「真仏・真土」（十二・十三願）・「本願の名号」（十七願）・「真実信心」（十八願）を誓う願の前にあることです。

お釈迦さまは『無量寿経』に、

如来《にょらい》（釈尊）、無蓋《むがい》の大悲《だいひ》（いかなるものにも覆い隠されることのない無上の大慈悲心）をもつて三界《さんがい》（迷いの世界）を矜哀《こうあい》したまふ。世《よ》に出興《しゅっこう》（誕生）するゆゑは、道教《どうきょう》を光闡《こうせん》して（仏道の教えを広く説き述べて）、群萌《ぐんもう》

（われら）を拯《すく》ひ恵《めぐ》むに真実《しんじつ》の利《り》（利益）をもつてせんと欲《おぼ》してなり。（九頁）

と言われていますが、阿弥陀仏もお釈迦さまと同じおこころで、本願も「信心の証（あかし）」である「利益」から先に誓ってくださっているのです。

第一願から第十願までも、真実信心の「利益」を誓ってくださった願ですが、「証（利益）」を総括してくださる願が第十一願なのです。

親鸞聖人の『教行証文類』はまず「教巻」で『無量寿経』が真実の教えであり、この経の内容の肝要を、

釈迦、世に出興して、道教を光闡して、群萠を拯ひ恵むに真実の利をもつてせんと欲すなり。

ここをもつて如来の本願を説きて経（『無量寿経』）の宗致（経典の最も肝要）とす、すなはち仏の名号をもつて経の体（本体）とするなり。（一三五頁）

と明かしてくださいます。

親鸞聖人は「行巻」に「本願の名号」を誓われた「諸仏称名の願　浄土真実の行・選択本願の行」（第十七願）と標挙し、「信巻」で「至心信楽の願　正定聚の機」と標挙し、そして「第十八願」（至心信楽の願）を「信巻・本」で明かし、「信巻・末」では「第十一願」の「定聚に住し」（正定聚の機）を明らかにしてくださいます。

「証巻」は「必至滅度の願　難思議往生」と標挙し「第十一願」の後半「かならず滅度に至らずば」を明らかにしてくださっています。

「第十一願」を「信巻・末」と「証巻」の両巻で明かしてくださるということは、「信巻・本」は「行巻」と離せない内容で、「信巻・末」は信心の極致である「証巻」と離せないのです。

ということは、名号のはたらき（行巻）と、その「証（利益）」を一つに結ぶ要が「信巻」で明かされる「真実信心即入正定聚」です。

『歎異抄』第一条には、

弥陀《みだ》の本願《ほんがん》には、老少《ろうしょう》・善悪《ぜんあく》のひとをえらばれず（わけへだてをされない）、ただ信心《しんじん》を要《よう》とすとしるべし。（八三一頁）

と語られています。

一般に私たちは『顕浄土真実教行証文類』を『教行信証』と呼んでいますが、「信巻・本」は「行巻」に、「信巻・末」は「証巻」におさまる内容なのです。また、仏教は「教行証」の教えですから、そういうこともあって『教行証文類』と、親鸞聖人は「書名」をつけられたと思います。

『教行証文類』は続いて、「光明無量の願」（第十二願）・「寿命無量の願」（第十三願）を標挙して「真仏・真土」を明かし、さらに「方便化身土巻」と続きます。

「化身土巻」には、

無量寿仏観経《むりょうじゅぶつかんぎょう》の意《こころ》なり　至心発願《ししんほつがん》の願《がん》（十九願）　邪定聚《じゃじょうじゅ》の機《き》
双樹林下往生《そうじゅりんげおうじょう》

阿弥陀経《あみだきょう》の意《こころ》なり　至心回向《ししんえこう》の願《がん》（二十願）　不定聚《ふじょうじゅ》の機《き》
難思往生《なんじおうじょう》　（三七四頁）

と標挙され、「化身土巻・本」で権仮の教えである聖道門の真門（十九願）と、浄土門内の自力念仏の要門（二十願）を明かされます。

「化身土巻・末」で邪偽の教えである仏教以外の教えを明かし、親鸞聖人は、真実の教えをより明確にしてくださったのです。

⑤　往相回向の利益

一　「冥衆護持の益」について

「往相回向の利益」の一番目「冥衆護持の益」です。「冥衆護持の益」とは、「諸菩薩や諸天神につねにまもられるご利益」です。

人間は「強いようで弱いもの」です。「天変地異」に遭うと、「何かの祟りではないか」とか、「何か悪いものに取り憑かれたのでは」と恐れおののいて、

かなしきかなや道俗《どうぞく》の
良時《りょうじ》・吉日《きちにち》えらばしめ
天神《てんじん》・地祇《じぎ》をあがめつつ
卜占祭祀《ぼくせんさいし》つとめとす

（『正像末和讃』『悲嘆述懐讃』六一八頁）

ということになります。

私たちは無常（常に変化する世の中にあり、常に変化し続ける身を生きている）の現実を忘れ、人間の力ではどうにもならない「天変地異」さえ誰か（仏や神）の力をあてにします。そして自分たちの思うようにならないと「神も仏もあるものか」と、八つ当たりし、自分を見失っていきます。

そうならないように、仏道を歩む諸先輩方（諸菩薩）、天地にましますすぐれた方々（天神・地祇）は、頼まなくとも常に見護っていてくださっているのです。

逃れることのできない「天変地異」を身に受けとめ、自分を見失わないようにしてくださいと、「諸菩薩や諸天神」は、私たちを案じてしっかりと護ってくださっているのです。これが真実信心による第一番目の利益です。
親鸞聖人は『浄土和讃』の「現世利益讃」で、

天神《てんじん》・地祇《じぎ》はことごとく
善鬼神《ぜんきじん》となづけたり
これらの善神《ぜんじん》みなともに
念仏《ねんぶつ》のひとをまもるなり
（五七五頁）

南無阿弥陀仏《なもあみだぶつ》をとなふれば
観音《かんのん》（慈悲の菩薩）・勢至《せいし》（智慧の菩薩）はもろともに
恒沙塵数《ごうじゃじんじゅ》（インドの大河ガンジス河の砂塵の数）の菩薩《ぼさつ》と
かげのごとくに身にそへり
（同）

と讃嘆されています。

あなたの身に何が起ころうと、この世に何が起ころうと、常に「かげのごとくに身に寄り添う」多くの菩薩や天神・地祇がいます。

だから何があっても自分を見失うことなく、恵まれた「いのち」を精いっぱい生きる人生が与えられる、それが一番目の「冥衆護持の益」です。

故郷の越後（新潟県）に帰られた直後に大地震に遭って、「災難に遭う時節には災難に遭うがよく候　死ぬる時節には死ぬがよく候」と言われた良寛さん（一七五八～一八三一）のような強さの「かけら」も持たない私たちにとって、「冥衆護持の益」は本当に有り難いものです。

二　「至徳具足の益」について

次に二番目の「至徳具足の益」とは「名号にこめられたこの上もない尊い徳が念仏者の身にそなわる」という利益です。「功徳」（善き性質・すぐれた徳性）など、わが身に全く持ち合わせのない私たちです。そんな自身を慚愧（恥じ入る）する気もない私たちに、「この上もない尊い徳が身にそなわる」のです。

親鸞聖人は『正像末和讃』「悲歎述懐讃」の中で、

無慚無愧《むざんむぎ》のこの身《み》にて
まことのこころはなけれども
弥陀《みだ》の回向《えこう》の御名《みな》なれば
功徳《くどく》は十方《じっぽう》にみちたまふ
（六一七頁）

と讃嘆されています。

「無慚無愧のこの身」が「弥陀の回向の御名（名号）」に遇うことにより、「功徳は十方にみちたまふ」という「大きないのちの世界」に生きる人生が与えられるのです。

このような素晴らしい人生が開けてくるのが、二番目の「至徳具足の益」です。

三 「転悪成善の益」について

三番目の「転悪成善の益」ですが、「悪」とは「道理に背くこと」です。道理とは「縁起の道理」です。私は他の多くの「いのち」によって生かされているので、決して自分一人の力によって生きているのではありません。そのことを忘れ、他の「いのち」のことは省みず、自己中心の生き方が「道理に背くこと」、すなわち「悪」なのです。

それに対して、「善」とは、自分のことを後にして他の人のことを先にすること、それが「道理に適う」あり方です。伝教大師最澄（七六七〜八二二）の『山家学生式』には、「忘己利他、慈悲の極み」というお示しがあります。

私たちが自分の都合だけで生きていけば、悪から永遠に抜け出せません。阿弥陀仏の広い「いのち」の世界に身を置けば、阿弥陀仏の「はたらき」（大行）によって、おのずから悪が善に転じるのです。

自分で自分の思い通りに生き方を変えることは、私たちにはできません。親鸞聖人は『正像末和讃』「三時讃」の中で、

弥陀智願《みだちがん》の広海《こうかい》に
凡夫善悪《ぼんぶぜんあく》の心水《しんすい》も
帰入《きにゅう》しぬればすなはちに
大悲心《だいひしん》とぞ転《てん》ずなる（大悲の心になるなり）

（六〇七頁）

と讃嘆されています。

自己中心の思い（悪）に生きてきた人が、み教えに遇って、自分のことより他の人のことを思いやる心（善）に転じた先人がいます。『観無量寿経』に出てくるイダイケ夫人です。苦悩するイダイケ夫人はお釈迦さまに、

この濁悪《じょくあく》の処《ところ》（この世）は地獄《じごく》・餓鬼《がき》・畜生盈満《ちくしょうようまん》し、不善《ふぜん》の聚《ともがら》多《おお》し。願《ねが》はくは、われ未来《みらい》に悪《あく》の声《こえ》を聞《き》かじ、悪人《あくにん》を見《み》じ。（九〇頁）

と、「この世の人は不善の人が多い」・「未来には悪の声を聞きたくない」・「悪人を見たくない」と、イダイケ夫人は、「自分は善人で、悪人ではない」、悪いのは「この世」であり「他の人」だと言っているのです。

これほど傲慢で、自己中心的で、鼻持ちならない人間はいません。

そのイダイケ夫人がお釈迦さまの教えに遇い、阿弥陀仏の広大な心が身に届いた時、自分だけという心は全く消えて、

韋提希《いだいけ》、五百《ごひゃく》の侍女《じにょ》とともに仏《ぶつ》の所説《しょせつ》を聞《き》き、（中略）心《しん》に歓喜《かんぎ》を生《しょう》じて未曽有《みどう》なりと歎《たん》ず。

（一一六頁）

と、いつの間にか自分一人の世界から脱し、「お釈迦さまの教えを五百人の侍女とともに歓喜する身」に転じているのです。

また、イダイケ夫人の息男で、父王を殺してマガダ国の王となったアジャセの悩みは、『涅槃経』に、

わが父法王《ちちほうおう》、法《ほう》のごとく国《くに》を治《おさ》む、実《じつ》に辜咎《つみとが》なし。横《よこさま》に逆害《ぎゃくがい》を加《か》す、魚《うお》の陸《くが》に処《しょ》するがごとし。（中略）われ昔《むかし》かつて智者《ちしゃ》の説《と》きていひしことを聞《き》きき。《身口意業《しんくいごう》もし清浄《しょうじょう》ならずは、まさに知《し》るべし、この人《ひと》かならず地獄《じごく》に堕《だ》せん》と。われまたかくのごとし。いかんぞまさに安穏《あんのん》に眠《ねむ》ることを得《う》べきや。

（『教行証文類』「信巻・末」引用二七五頁）

とあります。父王に対する慚愧には偽りはないでしょう。しかし、アジャセの思いは「自分は地獄に堕ちたくない、安眠を得たい」という自分中心の思いで終始しています。そのアジャセがお釈迦さまの教えに遇い、真実の法（本願の名号）を身に信受した時、地獄に堕ちることをあれほど恐れていたのに、

世尊《せそん》、もしわれあきらかによく衆生《しゅじょう》のもろもろの悪心《あくしん》を破壊《はえ》せば、われつねに阿《あ》鼻《び》地獄《じごく》（地獄の中でも最も苦しみの多い無間地獄）にありて、無量劫《むりょうこう》のうちにもろもろの衆生《しゅじょう》のために苦悩《くのう》を受《う》けしむとも、もつて苦《く》とせず。（二八七頁）

と、今までと真反対の人間に転じているのです。

人間は、他の人を押しのけても、自分の利を求める中で、本当の「よろこび」を見失い、自分の思うようにならない人生に、苦しんでいるのです。

「悪」を転じて、「みんなと共に生きる人生」（善の行為・行動）を歩めば、生きるよろこびも、生き甲斐も、おのずから生まれてきます。

三番目の「転悪成善の益」は、生きることの本当のよろこびを実現する道を教えてくださる現生の利益なのです。

四 「諸仏護念の益」について

四番目の「諸仏護念の益」について、『阿弥陀経』には、六方（東・南・西・北・下・上）の「恒河沙数の諸仏」が、阿弥陀仏の本願の名号を説き、

〈なんぢら衆生《しゅじょう》、まさにこの不可思議《ふかしぎ》の功徳《くどく》（阿弥陀仏のすぐれた性質。すぐれた徳性）を称讃《しょうさん》したまふ一切諸仏《いっさいしょぶつ》に護念《ごねん》せらるる経《きょう》を信《しん》ずべし〉と。

（一二五頁～一二七頁に六回繰り返される）

勧め、

もし善男子《ぜんなんし》・善女人《ぜんにょにん》ありて、この諸仏《しょぶつ》の所説《しょせつ》の名《みな》（名号）および経《きょう》の名《な》を聞《き》かんもの、このもろもろの善男子《ぜんなんし》・善女人《ぜんにょにん》、みな一切諸仏《いっさいしょぶつ》のためにともに護念《ごねん》せられて、

みな阿耨多羅三藐三菩提《あのくたらさんみゃくさんぼだい》（この上ないさとり）を退転《たいてん》せざることを得《え》ん。（一一七頁）

と説かれています。

親鸞聖人は『浄土和讃』「現世利益讃」の中でこのことを、

南無阿弥陀仏《なもあみだぶつ》をとなふれば
十方無量《じっぽうむりょう》の諸仏《しょぶつ》は
百重千重囲繞《ひゃくじゅうせんじゅういにょう》（とりかこむ）して
よろこびまもりたまふなり（五七六頁）

と讃嘆されています。

煩悩具足の身が、無量の諸仏に百重にも千重にも囲まれて、よろこびまもられての人生を歩ませていただき、思いもかけなかった日暮らしをさせていただくご利益が、四番目の「諸仏護念の益」です。

五 「諸仏称讃の益」について

五番目は、「諸仏称讃の益」ですが、お釈迦さまは、

法《ほう》を聞《き》きてよく忘《わす》れず、
見《み》て敬《うやま》ひ得《え》て大《おお》きに慶《よろこ》ばば、（名号を聞見して、信を得て法を敬いよろこぶ）
すなはちわが善《よ》き親友《しんぬ》なり。（『無量寿経』四七頁）

と、凡夫の私たちを「善き親友」と呼んでくださるのです。
また、親鸞聖人が七高僧と慕われた善導大師（六一三〜六八一）は、

もしよく相続して念仏するひと、この人はなはだ希有なりとす、（中略）ゆゑに分陀利（分陀利華・白蓮華）を引きて喩へとす。分陀利といふは、人中の好華と名づく、また希有華と名づく、また人中の上上華と名づく、また人中の妙好華と名づく。この華あひ伝へて蔡華《さいけ》（蔡は白亀の意で、聖人《せいじん》が世に出現する時、白亀が千葉の白蓮華に

乗って現れるという言い伝えがある）と名づくるこれなり。もし念仏のひとはすなはちこれ人中の好人なり、人中の妙好人なり、人中の上上人なり、人中の希有人なり、人中の最勝人なり。

（『教行証文類』に『観経疏』引用二六二頁）

と、言葉を尽くして念仏者を称讃されます。

白蓮華は泥中の中で泥に染まらず、美しい花を咲かせます。念仏者も煩悩の汚泥の中に生きながら、煩悩に執着しないので、煩悩の汚泥に身を染めません。

諸仏は、泥中にありながら泥に染まらない念仏者の生き方を称讃してくださるのです。

最後に『往生論註』の有名なお言葉を紹介しますと、

『経』（『維摩経』）にのたまはく、〈高原の陸地には蓮華を生ぜず。卑湿の淤泥にいまし蓮華を生ず〉と。これは凡夫《ぼんぶ》、煩悩《ぼんのう》の泥《どろ》のなかにありて、菩薩《ぼさつ》のために開導《かいどう》せられて、よく仏《ぶつ》の正覚《しょうかく》の華《はな》を生ずるに喩《たと》ふ。まことにそれ三宝《さんぽう》を紹隆《しょうりゅう》して、つねに絶《た》えざらしむと。

（『教行証文類』「証巻」引用三一九頁）

六 「心光常護の益」について

六番目の「心光常護の益」について、「正信偈」に、

摂取《せっしゅ》の心光《しんこう》、つねに照護《しょうご》したまふ。
すでによく無明《むみょう》の闇《あん》を破《は》すといへども、
貪愛《とんない》・瞋憎《しんぞう》（いかり憎む）の雲霧《うんむ》
つねに真実信心《しんじつしんじん》の天《てん》に覆《おお》へり。
たとへば日光《にっこう》の雲霧《うんむ》に覆《おお》はるれども、
雲霧《うんむ》の下《した》あきらかにして闇《やみ》なきがごとし。
（二〇四頁）

と明かされています。

「摂取の心光」とは、阿弥陀仏の私たち凡夫の善悪を一切問題にせず、常にわが身を摂め取って捨てることのない大いなる「はたらき」です。

私たちには、その大いなる「はたらき」は見えません。自分の目を煩悩の雲霧で覆っ

ているからです。でも何の心配もないのです。同じく「正信偈」に、

極重《ごくじゅう》の悪人《あくにん》はただ仏《ぶつ》（名号）を称《しょう》すべし。
われまたかの摂取《せっしゅう》のなかにあれども、
煩悩《ぼんのう》、眼《まなこ》を障《さ》へて（さえぎって）見たてまつらずといへども、
大悲《だいひ》、倦《もの》きことなく（見捨てることなく）して
つねにわれを照《て》らしたまふといへり。
（二〇七頁）

と示されています。

私たちは現実にいろんなことにぶつかり、喜怒哀楽の日暮らしをしていても、常に阿弥陀仏の「摂取不捨」の大慈悲の中にあると自分を見失うことなく、一筋に仏道を歩むことができるのです。このような人生を実現してくださるのが、六番目の「心光常護の益」です。

七　「心多歓喜の益」について

七番目は「心多歓喜の益」ですが、「歓喜」について親鸞聖人は、

「歓喜《かんぎ》」といふは、「歓《かん》」は身《み》をよろこばしむるなり、「喜《き》」はこころによろこばしむるなり。うべきことをえてんずとかねてさきよりよろこぶこころなり。

（『一念多念証文』六七八頁）

と明らかにしてくださいます。

「歓喜」は、間違いなく仏に成る人生、仏道を確と歩む身の「よろこび」をかみしめて生きる人生を賜ったことを、常に心に思う日暮らしです。

『歎異抄』の著者と言われる、親鸞聖人面授の門弟・唯円房が、

念仏申《ねんぶつもう》し候《そうら》へども、踊躍歓喜《ゆやくかんぎ》（おどりあがってよろこぶ）のこころおろそかに候《そうろ》ふこと、

（八三六頁）

と尋ねたように、天にも舞い上がるような「歓喜」でなく、日常の日暮らしの中で「うべきこと（必ず仏に成る）をえた」という心底からの滋味の「歓喜」です。

以上、一番目の「冥衆護持の益」から七番目の「心多歓喜の益」までが「往相回向の利益」です。

⑥　還相回向の利益

八番目の「知恩報徳の益」と、九番目の「常行大悲の益」が「還相回向の利益」です。

八　「知恩報徳の益」について

八番目の「知恩報徳の益」について、親鸞聖人はまず『教行証文類』の「総序」に、

真宗《しんしゅう》の教行証《きょうぎょうしょう》を敬信《きょうしん》して、ことに如来《にょらい》の恩徳《おんどく》の深《ふか》きことを知《し》んぬ。ここをもつて聞《き》くところを慶《よろこ》び、獲《う》るところを嘆《たん》ずるなりと。（一三二頁）

と記し、真の恩徳を知らされて、「聞くところを慶び、獲るところを嘆ずる」ことを、

如来大悲《にょらいだいひ》の恩徳《おんどく》は
身《み》を粉《こ》にしても報《ほう》ずべし
師主知識《ししゅちしき》（七高僧をはじめ念仏の師）の恩徳《おんどく》も
ほねをくだきても謝《しゃ》すべし

（『正像末和讃』「誡疑讃」六一〇頁）

とお勧めくださいます。

「報ずべし」・「謝すべし」の「べし」には多くの意味があります。『旺文社古語辞典』には七つの意味が示されています。

① 推量の意を表す。㋐……しそうだ。㋑きっと……だろう。
② 予定の意を表す。することになっている。
③ 当然の意を表す。するはずだ。

④　適当の意を表す。……（する）がまさによい。
⑤　可能、または可能性を推定する意を表す。することができる。
⑥　（終止形を用いて）意志を表す。するつもりだ。
⑦　必要・義務の意志を表す。しなければならない。

私は七つの「べし」の意味の中から、④「（する）がまさによい」といただきました。それで、私は「如来の恩徳」は「身を粉にして報ずるがまさによい」、また「師主知識の恩徳」も「ほねをくだきても謝するがまさによい」とお勧めくださったお言葉といただいています。

私も拙い執筆や話をして報恩をさせていただいているつもりですが、それらはすべて如来の恩徳に催されてのことです。

しかし、私の行為が本当に報恩になっているのか、いないのかは、私もよくわかりません。ただ、「如来の恩徳の深きことを知らされ」た上での、私の「聞くところを慶び、獲るところを嘆ずる」思いのありたけを、語ったり執筆したりしているだけです。

最後に親鸞聖人の報恩の念を表白された『正像末和讃』をもう一首いただきます。

弥陀《みだ》の尊号《そんごう》となへつつ
信楽《しんぎょう》まことにうるひとは
憶念《おくねん》の心《しん》つねにして
仏恩報《ぶつとんほう》ずるおもひあり

（「三時讃」六〇五頁）

九 「常行大悲の益」について

九番目「常行大悲の益」の「大悲を行ずる」について、『教行証文類』「行巻」に、

〈深《ふか》く大悲《だいひ》を行《ぎょう》じ〉とは、衆生《しゅじょう》を愍念《みんねん》すること骨体《こったい》に徹入《てつにゅう》する（骨身にまでしみとおる）がゆゑに名《な》づけて深《じん》とす。一切衆生《いっさいしゅじょう》のために仏道《ぶつどう》を求《もと》むるがゆゑに名《な》づけて大《だい》とす。慈心《じしん》はつねに利事《りじ》（衆生を利益する）を求《もと》めて衆生《しゅじょう》を安穏《あんのん》す。

（『十住毘婆沙論』引用一五一頁）

というお示しがあります。

「願作仏心」は「一切衆生のために仏道を求める」ということで、それは同時に「慈心はつねに利事を求めて衆生を安穏す」という「度衆生心」です。

この「度衆生心」はおのずから「常行大悲」の行為・行動となって表れます。

私が大学の卒業論文（「極楽について」）の指導をいただいた神子上恵龍先生（勧学・龍谷大学名誉教授）が、一九八二（昭和五十六）年二月～七月の『宗報』（本願寺派）に連載された論文『現代の課題としての現世利益』の中で、

信後における宗教的実践は、全く知恩報徳と常行大悲とに要約される。日常の行為が、念仏弘まれという、念願のもとになされなければならぬ。現教団人に欠けているのは、この点である。

弥陀の大悲を喜んでいる人達は、決して少なくないが、その中の何人が他に念仏を勧めているであろうか。

七百年前の関東においては、自己が念仏をよろこべば、必ず他にこれを伝え、そ

の結果、今日の真宗教団の基礎が出来たのではないか。現教団の課題の一つは、実にこの点であると思う。

（『宗報』七月号／四頁）

と述べられている。大切にすべきご指南だと思います。

⑦ 二種の回向

名号（大行）→信心（浄土の大菩提心）→証（現世の利益）→証（当来の利益）

「往相回向」→「願作仏心」→「往相回向の利益」↘

「還相回向」→「度衆生心」→「還相回向の利益」↗ 滅度

この二種の回向（本願の名号）によって「正定聚に住し」という人生が開かれ、「必ず滅度に至る」という「いのち」の大いなる展開が実現するのです。

「定聚に住し」の最後に今一度、親鸞聖人の『正像末和讃』「三時讃」二首と、『三経往生文類』の一節をいただいておきたいと思います。

如来《にょらい》二種《にしゅ》の回向《えこう》を
ふかく信《しん》ずるひとはみな
等正覚《とうしょうがく》（正定聚の位）にいたるゆゑ
憶念《おくねん》の心《しん》はたえぬなり
（六〇四頁）

弥陀智願《みだちがん》の回向《えこう》の
信楽《しんぎょう》まことにうるひとは
摂取不捨《せっしゃふしゃ》の利益《りやく》ゆゑ
等正覚《とうしょうがく》にいたるなり
（同）

如来《にょらい》の二種《にしゅ》の回向《えこう》によりて、真実《しんじつ》の信楽《しんぎょう》をうる人《ひと》は、かならず正定聚《しょうじょうじゅ》の位《くらい》に住《じゅう》するがゆゑに他力《たりき》と申《もう》すなり。

しかれば『無量寿経優婆提舎願生偈《むりょうじゅきょううばだいしゃがんしょうげ》』（天親菩薩『浄土論』）にいはく、「いかんが回向《えこう》したまへる。一切苦悩《いっさいくのう》の衆生《しゅじょう》を捨《す》てずして、心《しん》につねに作願《さがん》（衆生救済を願う）

すらく、回向《えこう》を首《しゅ》として（第一として）大悲心《だいひしん》を成就《じょうじゅ》することを得《え》たまへるがゆゑに」とのたまへり。

（六三〇頁）

⑧「かならず滅度に至る」とは

「かならず滅度に至る」について、親鸞聖人は『教行証文類』「証巻」の始めに、

かならず滅度《めつど》（煩悩を滅して穢土から浄土に渡る）に至《いた》るはすなはちこれ常楽《じょうらく》（自在で他に縛られず、煩悩のけがれがないこと）なり。

常楽《じょうらく》はすなはちこれ畢竟寂滅《ひっきょうじゃくめつ》（煩悩を滅した究極的なさとりの境地）なり。

寂滅《じゃくめつ》はすなはちこれ無上涅槃《むじょうねはん》（この上ないさとりの境地）なり。

無上涅槃《むじょうねはん》はすなはちこれ無為法身《むいほっしん》（生滅変化を離れ、色もなく形もなく、常住にして一切に偏在する絶対の真理そのものとしての仏身）なり。

無為法身《むいほっしん》はすなはちこれ実相《じっそう》なり。実相《じっそう》はすなはちこれ法性《ほっしょう》なり。

法性《ほっしょう》はすなはちこれ真如《しんにょ》なり。真如《しんにょ》はすなはちこれ一如《いちにょ》なり。


（三〇七頁）

と明かしてくださいます。

すなわち「滅度に至る」とは、真に開かれた阿弥陀仏の広大無碍の浄土に生まれ、生きとし生くるものを一切わけへだてなくすくう阿弥陀仏と同じ「はたらき」をさせて頂く仏になることです。

すべての人は「幸せ」を求めて生きています。しかし、本当の「幸せ」とは何か、どこにその「幸せ」が所在するのかがわかっていません。

だから多くの人は、今、自分の都合のいいことが実現すると「幸せだ」と思うのです。今、自分に欠けているものを満たすために、右に求め、左に走り、右往左往の人生を繰り返しています。そして、自分の思いが実現せず、欠けているものが満たされないと、「神も仏もあるものか」と八つ当たりするのです。

神さまのことはさておき、仏さま（覚者）は「あなたの欲望を満たしてやろう」という方ではありません。「あなたを苦しめているのは、あなた自身の欲望ですよ」と教えてくださる方なのです。本当の「幸せ」は、自身に目覚め、小さな我執の世界から開かれた広大無碍の「いのち」の世界に向かって生きる道が開けることです。

「家内安全」・「子孫繁栄」・「学業成就」・「災厄除去」・「商売繁盛」・「交通安全」など挙げれば際限がありませんが、これらは仏教が説く本当の意味での「現世利益」ではありません。一時的に思いがかなうことがあっても、それは永続するものではありません。この世は無常です。いつどのような事態に当面するかわかりません。

「真実の利」を「証（あかし）」してくださったのが、第十一願「必至滅度の願」です。

親鸞聖人は「真実の証」を、

　つつしんで真実《しんじつ》の証《しょう》を顕《あらわ》さば、すなはちこれ利他円満《りたえんまん》の妙位《みょうい》（本願力より与えられたすぐれた仏の位）、無上涅槃《むじょうねはん》の極果《ごくか》なり。すなはちこれ必至滅度《ひっしめつど》の願《がん》（第十一願）より出《い》でたり。また証大涅槃《しょうだいねはん》の願《がん》と名《な》づくるなり。

　しかるに煩悩成就《ぼんのうじょうじゅ》（あらゆる煩悩をすべてそなえている）の凡夫《ぼんぶ》、生死罪濁《しょうじざいじょく》の群萠《ぐんもう》（われら）、往相《おうそう》回《え》向《こう》の心行《しんぎょう》（本願の名号）を獲《う》れば、即《そく》の時《とき》に大乗正定聚《だいじょうしょうじょうじゅ》の数《かず》に入《い》るなり。正定聚《しょうじょうじゅ》に住《じゅう》するがゆゑに、かならず滅度《めつど》に至《いた》る。

（三〇七頁）

とお示しくださいました。

「正定聚（必ずさとりを開いて仏になることが正しく定まった仲間）に住して」が、真の現世利益です。

「滅度に至る」とは、正定聚の人（念仏者）は臨終と同時に、浄土に生まれ仏となるという当来の利益を実現するということです。

第六章　「真仏・真土」を明かす

一、光明無量の願（第十二願）

たとひわれ仏《ぶつ》を得《え》たらんに、光明《こうみょう》よく限量《げんりょう》ありて、下百千億那由他《しもひゃくせんおくなゆた》の諸仏《しょぶつ》の国《くに》を照《て》らさざるに至《いた》らば、正覚《しょうがく》を取《と》らじ。

（一七頁）

①「光明」とその「はたらき」

一般的に「光明」は「あかるいひかり」とか、「望み」（前途に光を見いだす）などという意味です。仏教では「仏・菩薩の心身に具わる光」・「迷いの闇を破し、真理のさとりをあらわす仏・菩薩の智慧を象徴するもの」です。

親鸞聖人はさらに踏み込んで、「光」は「智慧」であり「阿弥陀仏」だといただかれます。すなわち『一念多念証文』では、

方便《ほうべん》と申《もう》すは、かたちをあらはし、御《み》な（名・南無阿弥陀仏）をしめして、衆生《しゅじょう》にしらしめたまふを申《もう》すなり。すなはち阿弥陀仏《あみだぶつ》なり。この如来《にょらい》は光明《こうみょう》なり、光明《こうみょう》は智慧《ちえ》なり、智慧《ちえ》はひかりのかたちなり。（六九一頁）

と説かれ、『尊号真像銘文』では、

「尽十方無礙光如来《じんじっぽうむげこうにょらい》」と申《もう》すはすなはち阿弥陀如来《あみだにょらい》なり、この如来《にょらい》は光明《こうみょう》なり。「尽十方《じんじっぽう》」といふは、「尽《じん》」はつくすといふ、ことごとくといふ、十方世界《じっぽうせかい》をつくしてことごとくみちたまへるなり。「無礙《むげ》」といふは、さはることなしとなり。さはることなしと申《もう》すは、衆生《しゅじょう》の煩悩悪業《ぼんのうあくごう》にさへられざるなり。「光如来《こうにょらい》」と申《もう》すは阿弥陀仏《あみだぶつ》なり。（六五一～六五二頁）

と明かされ、「阿弥陀如来」は「光明」であり、「光如来」すなわち「智慧」そのものです。「光明（阿弥陀仏）のはたらき」を三つの面からいただくことができます。

㋐「破闇のはたらき」です。暗黒の闇も光が差し込むと明るい世界になります。

㋑「照育のはたらき」です。「照育」とは「未熟の機（われら）を照らし育む」ということです。

㋒「摂取のはたらき」です。「摂取」とは「本願の名号を聞思してよろこぶ衆生（われら）を摂め取って捨てない」ということです。

② 光明の徳（導き）

七高僧のお一人、曇鸞大師（四七六～五四二）は、『讃阿弥陀仏偈』で「光明」に三十七の徳を挙げて讃嘆されます。すなわち、

法身《ほうしん》の光輪《こうりん》（光明の徳を法輪〈仏の説法〉に譬える）法界《ほうかい》に遍《へん》して、世《せ》の盲冥《もうみょう》（無明煩悩のわれら）を照《て》らしたまふ、かるがゆゑに頂礼《ちょうらい》したてまつる。

また無量光《むりょうこう》と、真実明《しんじつみょう》と号《なづ》く、また無辺光《むへんこう》と、平等覚《びょうどうかく》と号《なづ》く、また無碍光《むげこう》と、難《なん》思議《じぎ》と号《なづ》く、また無対光《むたいこう》と、畢竟依《ひっきょうえ》と号《なづ》く、また光炎王《こうえんのう》と、大応供《だいおうぐ》と号《なづ》く、また清浄光《しょうじょうこう》と号《なづ》く、また歓喜光《かんぎこう》と、大安慰《だいあんに》と号《なづ》く、また智慧光《ちえこう》と号《なづ》く、また不断光《ふだんこう》と号《なづ》く、また難思光《なんじこう》と号《なづ》く、また無称光《むしょうこう》と号《なづ》く、超日月光《ちょうにちがつこう》と号《なづ》けたてまつる。（略）

（五五六頁）

と明かしてくださいます。

この「徳号」を親鸞聖人は、「讃阿弥陀仏偈和讃」で嘆じられ、『弥陀如来名号徳』（聖人最晩年の著書）で讃嘆されました。

「光明の徳」をこの『弥陀如来名号徳』の一部、「正信偈」で、

あまねく無量、無辺光・無碍・無対・光炎王、清浄・歓喜・智慧光、不断・難思・無称光、超日月光を放ちて塵刹（無数の国）を照らす。

（二〇三頁）

と讃嘆された十二光だけをいただきます。

一　無量光《むりょうこう》といふは、『経《きょう》』（観無量寿経）にのたまはく、「無量寿仏《むりょうじゅぶつ》（阿弥陀仏）に八万四千《はちまんしせん》の相《そう》ましします。一々《いちいち》の相《そう》におのおの八万四千《はちまんしせん》の随形好《ずいぎょうこう》ましします。一々《いちいち》の好《こう》にまた八万四千《はちまんしせん》の光明《こうみょう》ましします。一々《いちいち》の光明《こうみょう》あまねく十方世界《じっぽうせかい》を照《て》らしたまふ。念仏《ねんぶつ》の衆生《しゅじょう》をば摂取《せっしゅ》して捨《す》てたまはず」といへり。

二　つぎに無辺光《むへんこう》といふは、かくのごとく無量《むりょう》のひかり十方《じっぽう》を照《て》らすこと、きはほとりなきによりて、無辺光《むへんこう》と申《もう》すなり。

三　この弥陀《みだ》の御《おん》ひかりは、ものにさへられずして（さまたげられない）よろづの有《う》情《じょう》（われら）を照《て》らしたまふゆゑに、無礙光仏《むげこうぶつ》と申《もう》すなり。有情《うじょう》の煩悩悪業《ぼんのうあくごう》のこころにさへられずましますによりて、無礙光仏《むげこうぶつ》と申《もう》すなり。

四　よろづの有情《うじょう》の汚穢不浄《わえふじょう》を除《のぞ》かんための御《おん》ひかりなり。婬欲《いんよく》・財欲《ざいよく》の罪《つみ》を除《のぞ》きはらはんがためなり。このゆゑに清浄光《しょうじょうこう》と申《もう》すなり。

五　よろづの有情《うじょう》の瞋恚《しんに》・憎嫉《ぞうしつ》（おもてに怒り、こころに怒り、嫉み妬むなり）の罪《つみ》を除《のぞ》

六　きはらはんために得《え》たまへるひかりなるがゆゑに、歓喜光《かんぎこう》と申《もう》すなり。

念仏《ねんぶつ》を信《しん》ずるは、すなはちすでに智慧《ちえ》を得《え》て仏《ぶつ》に成《な》るべき身《み》となるは、これを愚痴《ぐち》（仏教の教えに無知なこと）をはなるることとしるべきなり。このゆゑに智《ち》慧光仏《えこうぶつ》と申《もう》すなり。

七　つぎに無対光《むたいこう》といふは、弥陀《みだ》のひかりにひとしきひかりましまさぬゆゑに、無《む》対《たい》と申《もう》すなり。

八　つぎに炎王《えんのう》（火を千ならべたらんよりもすぐれたりとなり）光《こう》と申《もう》すは、ひかりのさかりにして、火《ひ》のさかりにもえたるにたとへまゐらするなり。火《ひ》の炎《ほのお》の煙《けむり》なきがさかりなるがごとしとなり。

九　つぎに不断光《ふだんこう》と申《もう》すは、この光《ひかり》のときとしてたえずやまず照《て》らし（略）

十　この弥陀《みだ》の光明《こうみょう》は、日月《にちがつ》の光《ひかり》にすぐれたまふゆゑに、超《ちょう》と申《もう》すなり。超《ちょう》は余《よ》のひかりにすぐれこえたまへりとしらせんとて、超日月光《ちょうにちがつこう》と申《もう》すなり。

十一、難思光仏《なんじこうぶつ》と申《もう》すは、この弥陀如来《みだにょらい》のひかりの徳《とく》をば、釈迦如来《しゃかにょらい》も御《おん》こころおよばずと説《と》きたまへり。こころのおよばぬゆゑに難思光仏《なんじこうぶつ》といふなり。

十二、つぎに無称光《むしょうこう》と申《もう》すは、これも、「この不可思議光仏《ふかしぎこうぶつ》（阿弥陀仏）の功徳《くどく》は説《と》き尽《つく》しがたし」と釈尊《しゃくそん》のたまへり。ことばもおよばずとなり。このゆゑに無称光《むしょうこう》と申《もう》すとのたまへり。（七二七～七三一頁より抜粋）

③「百千億那由他」とは

インドの古い言葉「ナユタ」の音訳で、数字の単位です。天親菩薩の『阿毘達磨倶舎論』には10の11乗とされていますから、千億ということになります。

ですから、「百千億那由他」は百×千×億×千億ということです。到底、私の頭では計算しようもない諸仏国土を、一つとして漏らすことなく照らさなかったら、私（阿弥陀仏）は仏にならないと誓ってくださるのです。

最後に親鸞聖人の「光明」に遇ったよろこびを嘆じられた『浄土和讃』「讃弥陀偈讃」を一首味わっておきましょう。

慈光《じこう》はるかにかぶらしめ

ひかりのいたるところには
法喜《ほうき》（みのりを喜ぶなり）をうとぞのべたまふ
大安慰《だいあんに》（衆生に大いなる安らぎとなぐさみを与える仏）を帰命《きみょう》せよ
（五五八頁）

二、寿命無量の願（第十三願）

たとひわれ仏《ぶつ》を得《え》たらんに、寿命《じゅみょう》よく限量《げんりょう》ありて、下百千億那由他劫《しもひゃくせんおくなゆたこう》に至《いた》らば、正覚《しょうがく》を取《と》らじ。
（一七頁）

①　寿命とは

「寿命」という言葉を「国語辞典」には、「①いのち。よわい。②物品の使用にたえる期間」とあり、「漢和辞典」には、「いのち。生命」とありますが、「古語辞典」には、「寿命」という熟語がありません。

そこで、白川静『常用字解』を見ると、

「寿」は、「人の長寿（長生きすること）を祈る」ことをいう。

それで「いのちながし、いのち、ひさしい」の意味となり、長寿を「ことほぐ（ことばで祝福する）、ことぶき（祝いのことば。めでたい。ことほぎ）」の意味となる。

「命」は、「神のお告げ、おおせ、いいつけ」の意味となる。

生命（いのち）のように「いのち」の意味に用いるのは、人のいのちは天から与えられたもの、神のおおせであると考えられたからである。（抜粋）

とあり、『新・仏教辞典』で「寿命」の項を引くと「生命」を見よとある。「生命」の項を見ると、

仏教では寿命は「寿」はアーユスの訳、「命」はジーヴィタの訳。命根といわれる。この世に生をうけてから死にいたるまでのあいだ持続し、体温（煖）と意識（識）を継持し、煖・識は逆に寿を維持し、両者は相依の関係にあり、臨終には、この寿・煖・識が肉体から去るとされる。

> この寿は三界六道の別によって量が定まっており、これを寿量という。仏の寿命にはかぎりがないということから、寿命無量とか無量寿（アミターユス・阿弥陀）とよばれる。

とあり、中国から伝わる漢字と、仏教で使う「寿命」の意味には大きな違いがあります。第十三番目の願で使われる「寿命」はまさに仏教で使う、肉体を超えた寿命無量・無量寿です。「生命」というと肉体の有無に限定されますので、肉体の有無を超えた寿命を、私は「いのち」と表記しています。

②「真仏・真土」について

親鸞聖人は第十二願「光明無量の願」と、第十三願「寿命無量の願」を標挙して「顕浄土真仏土文類」を著してくださいました。そして、その冒頭に、

> つつしんで真仏土《しんぶつど》を案《あん》ずれば、仏《ぶつ》はすなはちこれ不可思議光如来《ふかしぎこうにょらい》なり、土《ど》はまた

これ無量光明土《むりょうこうみょうど》なり。しかればすなはち、大悲《だいひ》の誓願《せいがん》に酬報《しゅうほう》（因にむくいること）するがゆゑに、真《しん》の報仏土《ほうぶつど》といふなり。すでにして願《がん》います、すなはち光明《こうみょう》・寿命《じゅみょう》の願《がん》（第十二・十三願）これなり。
（三三七頁）

と「真の仏」・「真の世界」を明らかにしてくださいました。

「真の仏」である「阿弥陀仏」を、ここでは「不可思議光如来」と示されています。

そのことを『弥陀如来名号徳』に、

無碍光仏《むげこうぶつ》（阿弥陀仏）をつねにこころにかけ、となへたてまつれば、十方一切諸仏《じっぽういっさいしょぶつ》の徳《とく》をひとつに具《ぐ》したまふによりて、弥陀《みだ》（南無阿弥陀仏）を称《しょう》すれば功徳善根《くどくぜんごん》きはまりましまさぬゆゑに、龍樹菩薩《りゅうじゅぼさつ》は、「我説彼尊功徳事衆善無辺如海水《われかのそんのくどくのじをとくにしゅぜんむへんにしてかいすいのごとし》」（十二礼）とをしへたまへり。

かるがゆゑに不可思議光仏《ふかしぎこうぶつ》と申《もう》すとみえたり。
（七三〇～七三一頁）

と明らかにしてくださいます。

また、「真の世界（浄土）」を「無量光明土」と顕してくださいます。現在でも自身の住む地球から遠く離れた宇宙のどこかに「浄土」（極楽）があると思っている人がいます。それは大きな間違いです。

そういうと、必ずかえってくる言葉は、『阿弥陀経』に、

これより西方《さいほう》に、十万億《じゅうまんおく》の仏土《ぶつど》を過《す》ぎて世界《せかい》あり、名《な》づけて極楽《ごくらく》（浄土）といふ。（一二一頁）

とありますが、『阿弥陀経』はウソを説いてあるのですか、と。

仏教の基本から答えます。

よく「所詮人間は一人ですよね。お経（『無量寿経』）にも〈独り生れ独り死し、独り去り独り来る〉と説かれているそうですね」と、もの知り顔で言う人がいます。

間違いは、そこから始まっています。この世に存在するすべての生きもので、他と関

わりなく単独で存在しているものは皆無です。

仏教の「無我」とは「我という個人は無い」といっているのではありません。「我として単独で存在するものはない」という教えです。すべては「因」と「縁」の結びつきで成立しているのです。だから人間に本来「孤独」はないのです。

前述の『無量寿経』の言葉は、

人《ひと》、世間愛欲《せけんあいよく》のなかにありて、独《ひと》り生《うま》れ独《ひと》り死《し》し、独《ひと》り去《さ》り独《ひと》り来《きた》る。（五六頁）

と説かれています。この世の愛欲が渦巻く中で、人は「孤立」するのです。

光明の輝きの中で、与えられた身を生きていながら、愛欲・瞋恚・名利などで自他の間に、高く厚い囲いをつくっています。その囲いの厚さ、すなわち自己中心の「我執」のどうしようもない厚さを「十万億の仏土を過ぎて」と譬えられたのです。

そのことは『観無量寿経』で、お釈迦さまがイダイケ夫人に「阿弥陀仏《あみだぶつ》、此《ここ》を去《さ》ること遠《とお》からず」（九一頁）と語られるお言葉で明らかです。「阿弥陀仏、此を去ること遠からず」ということは「阿弥陀仏の浄土（無量光明土）も此を去ること遠からず」です。いや、「遠からず」どころか、今、すでに光明の中に生かされている私たちです。「貪愛・瞋憎の雲霧に覆」はれて、私の目には真仏も真土も見えませんが、「摂取の心光、つねに照護したまふ」のです。

また「煩悩・眼を障へて見」ることはできませんが、「大悲（真仏・真土）、倦《もの》きことなくして（一時も眼を離すことなく）つねに照らしたまふ」のです。

③「自然《じねん》」について

「真の仏」である「阿弥陀仏は光明なり」といい、「真の世界（浄土）」を「無量光明土」といい、「光明」によって「真仏・真土」の「はたらき」を示してくださった親鸞聖人は、晩年になって「真の仏」・「真の仏土」の「はたらき」を「自然」という言葉で明らかにしてくださいます。

親鸞聖人の言われる「光明」も「自然」も、同じ阿弥陀仏の「はたらき」（法）を言われたものです。ここで親鸞聖人の教えてくださる「自然」についてのご文を二、三いただいておきたいと思います。

㋐ 自然の「はたらき」を知らせる阿弥陀仏

「自然《じねん》」といふは、「自《じ》」はおのづからといふ、行者《ぎょうじゃ》のはからひにあらず。しからしむといふことばなり。「然《ねん》」といふは、しからしむといふことば、行者《ぎょうじゃ》のはからひにあらず、如来《にょらい》のちかひにてあるがゆゑに。「法爾《ほうに》」といふは、如来《にょらい》の御《おん》ちかひなるがゆゑに、しからしむるを法爾《ほうに》といふ。（中略）無上仏《むじょうぶつ》と申《もう》すは、かたちもなくまします。かたちもましまさぬゆゑに、自然《じねん》とは申《もう》すなり。かたちましますとしめすときは、無上涅槃《むじょうねはん》とは申《もう》さず。かたちもましまさぬやう（用・はたらき）をしらせんとて、はじめに弥陀仏《みだぶつ》とぞききならひて候《そうろ》ふ。弥陀仏《みだぶつ》は自然《じねん》のやうをしらせん料《りょう》（もととなるもの）なり。

（「自然法爾章」六二一〜六二二頁）

㋑ 自然は「真の仏土（浄土）」

五濁悪世《ごじょくあくせ》のわれらこそ

金剛《こんごう》の信心《しんじん》ばかりにて
ながく生死《しょうじ》（迷い）をすてはてて
自然《じねん》の浄土《じょうど》にいたるなれ
（『高僧和讃』「善導讃」五九一頁）

信《しん》は願《がん》より生《しょう》ずれば
念仏成仏自然《ねんぶつじょうぶつじねん》なり
自然《じねん》はすなはち報土《ほうど》（真の仏土）なり
証大涅槃《しょうだいねはん》うたがはず
（「同」五九二頁）

㋒　自然は「さとり」をひらく法則

自然《じねん》にさまざまのさとりをすなはちひらく法則《ほうそく》（法・法爾）なり。
法則《ほうそく》といふは、はじめて（念仏）行者《ぎょうじゃ》のはからひにあらず、もとより不可思議《ふかしぎ》の利益《りやく》にあづかること、自然《じねん》のありさまと申《もう》すことをしらしむるを、法則《ほうそく》とはいふなり。一念信心《いちねんしんじん》をうるひとのありさまの自然《じねん》なることをあらはすを、法則《ほうそく》とは申《もう》すなり。
（『一念多念証文』六八五頁）

十二・十三願で学んだ「真の仏（阿弥陀仏）」・「真の仏土（無量光明土・浄土）」で、私が聞思したことは、

真仏＝阿弥陀仏＝光明＝自然＝摂取不捨の法則＝さとりをひらく法則
真土＝浄土＝無量光明土＝自然の浄土＝摂取不捨の法則＝さとりをひらく法則

ということです。

「真仏」・「真土」とも「無量寿」で、永遠なる存在として、常に私たちの身に「はたらき」続けてくださっている動態なのです。その存在、その「はたらき」（名号）に一時も早く目覚める（信心）ことが肝要なのです。

第七章　凡夫を「不善の名」なき世界に

一、声聞無量の願（第十四願）

たとひわれ仏《ぶつ》を得《え》たらんに、国中《こくちゅう》の声聞《しょうもん》、よく計量《けりょう》ありて、下三千大千世界《しもさんぜんだいせんせかい》の声聞《しょうもん》・縁覚《えんがく》、百千劫《ひゃくせんごう》において、ことごとくともに計校《けきょう》（計算）して、その数《かず》を知《し》るに至《いた》らば、正覚《しょうがく》を取《と》らじ。（一七頁）

①「声聞」と「縁覚」

「声聞」とは、仏（釈尊）の教えを直接聞いて学ぶ人のことです。もともとはお釈迦さまの直弟子を指す言葉でしたが、ここでは阿弥陀仏の法を直接聞く方たちのことです。

「縁覚」は、独覚ともいい、師なくして縁起の道理に直感的に目覚めた方で、独自のさとりにこもる傾向があります。

②「三千大千世界」と「劫」について

私には、三千大千世界というような大きな世界について実感が伴いませんが、『浄土真宗辞典』には、

仏教の宇宙観。須弥山を中心に日・月・四大洲・九山八海および四王天等の六欲天を含む欲界と、梵衆天・梵輔天および大梵天からなる色界の初禅天とを総じて一世界とし、その一世界を千集めたものを小千世界、小千世界を千集めたものを中千世界、中千世界を千集めたものを大千世界と名づける。

この大千世界を三千世界、または三千大千世界という。三千は一世界が千の三乗の数集まったという意である。このような三千大千世界が無数にあるとされる。

と解説されています。この解説だけで理解できる人は少ないでしょう。まず解説の中の言葉がわかりません。

「須弥山」・「欲界」・「色界」など一般に耳にしない言葉です。他にもわからない言葉があると思いますが、右に挙げた言葉だけでも、『浄土真宗辞典』に聞いておきましょう。長い解説の部分は少し省略・改変させてもらいます。

㋐「須弥山」　仏教の世界観で、世界の中心に高くそびえる巨大な山。大海の中にあって、その高さは八万由旬（牛車の一日の旅程）。須弥山を中心として四つの大陸（四大洲）がある。

㋑「欲界」　欲望にとらわれた衆生の住む世界。地獄・餓鬼・畜生・人・天の五悪趣が住む。欲界の衆生には婬欲と食欲の二欲がある。

㋒「色界」　浄妙な物質（色）からなり、欲を離れた清らかな世界。四段階の禅定によって生じる四つの領域（四禅天）がある。

とあります。これだけではまだまだわからないと思いますが、仏教の世界観の大きさだけは感じてもらえると思います。

「劫」は、インドの時間の単位で極めて長い時間のこと。その長さは龍樹菩薩の『大智度論』には、四十里四方の石を百年に一度ずつ薄い衣で払って、その石が摩滅しても劫は尽きないという「盤石劫」の譬喩と、四十里四方の城に芥子を満たし百年ごとに一粒ずつ取り出し、すべての芥子がなくなっても劫は尽きないという「芥子劫」の譬喩で示されています。

「百千劫」とは百×千×「劫」ということで、途方もない長い時間です。

阿弥陀仏の国中には無量の「声聞」方がおられ、他の数えられないほど多くの諸仏の国にも「声聞」・「縁覚」は数えられないぐらいいるのです。

今、仏教の教えを聞き、念仏をよろこぶお仲間（同朋）は、あなたの思いもおよばない多くの人たちがいます。無量の「声聞」の中で今、あなたはお念仏に遇っているのです。この願は、阿弥陀仏がそういう世界の実現を誓ってくださるのです。念仏にご縁をいただいた者を勇気づけ、真の安心を与えてくださるのです。

二、眷属長寿の願（第十五願）

たとひわれ仏《ぶつ》を得《え》たらんに、国中《こくちゅう》の人天《にんでん》、寿命《じゅみょう》よく限量《げんりょう》なからん。その本願《ほんがん》の修短自在《しゅたんじざい》ならんをば除《のぞ》く。もししからずは、正覚《しょうがく》を取《と》らじ。（一七～一八頁）

①「定業」・「定命」について

「寿命」については寿命無量の願（第十三願）で詳しく述べました。再びもう少し角度を変えて「寿命」の意味を考えたいと思います。

「命」には、「人のいのちは天から与えられたもの」とか、「運命（さだめ）」の意があります。だから、人間の「いのち」には、この世に生まれる以前から定まった長さがあると考える人たちが現代もいます。

「運命」・「宿命」・「定命」という言葉を科学の進展した今でも耳にします。

親鸞聖人の『浄土和讃』「現世利益讃」に、

南無阿弥陀仏《なもあみだぶつ》をとなふれば
この世《よ》の利益《りやく》きはもなし
流転輪廻《るてんりんね》のつみきえて
定業中夭《じょうごうちゅうよう》のぞこりぬ
（五七四頁）

とあります。私はこの「定業」は、十一願で「正定聚」を「定聚」と誓われているのと同じように、「正定業」（名号のはたらき）の「正」を略されて「定業」とお示しくださったもので、「定業中夭のぞこりぬ」を「正定業には夭折（中夭・途中でくじけること）はない（除かれる）」といただいています。

親鸞聖人が「この世の利益」と言われるのは、「入正定聚の益」だからです。また「流転輪廻のつみきえて」という人生は、南無阿弥陀仏の一方的な「はたらき」による「信心獲得」と同時です。「正信偈」には、

信《しん》を獲《え》て敬《うやま》ひ大《おお》きに慶喜《きょうき》すれば、

すなはち横《おう》（ただちに）に五悪趣《ごあくしゅ》（流転輪廻）を超截《ちょうぜつ》す。（二〇四頁）

とあります。私が急にこの一首を取り上げたのは、私の知る限り、『浄土真宗聖典（註釈版）』をはじめ、これまでの「定業中夭」の解説は、すべて「定業は定まっている寿命、中夭は早死にの意」です。

もし「定まっている寿命」と理解すれば、親鸞聖人は「運命論者」・「宿命論者」ということになり、「この世の利益きはもなし」とつながりません。仏教は決して「運命論」・「宿命論」ではありません。「縁起の法則」を説いてくださったものです。

「定命」については、本願寺第八代蓮如上人が『御文章』の四帖目第二通に、

今《いま》の時《とき》の定命《じょうみょう》は五十六歳《ごじゅうろくさい》なり。しかるに当時《とうじ》において、年五十六《としごじゅうろく》まで生《い》きのびたらん人は、まことにもつていかめしき（なみなみでない）ことなるべし。（一一六三頁）

とあります。私は「定命」を「今の時の平均寿命は」と読んでいましたが、脚註を見ると、

釈尊《しゃくそん》の入滅時《にゅうめつじ》を起点として、時代が百年を経過するごとに人寿が一歳減少するという説にもとづいたもの。当時は釈尊の入滅後、約二千四百年と考えられていたから、釈尊の寿命八十歳より、二十四歳を減じて、定命を五十六歳と計算した。

（一一六四頁）

とあります。蓮如上人六十三歳の一四七七（文明七）年の『御文章』ですから、この計算でいきますと、今年は二〇一六年ですから「今の時の定命は五十歳」となります。

これは、五濁（世の濁り）の五番目に示される命濁（短命になる）と同じような考え方です。（第一章一の④五濁の世の項で語りました）

第十五願の前半は、世間の寿命の見方、自己中心的生き方のもとになる「我」の殻を開いて、肉体の有無を超えた永遠の「いのち」を実現してやりたいという願いです。

② 生命の長短は自在に

「修短自在」とはこの身の寿命です。「修短」は「長短」ですから、わが身がこの世に存在する時間の制約はしないということです。

無量の縁をいただいてこの世に誕生し、多くの「いのち」に生かされている身ですから、自分の身は自分のもの、自分の思うようにという考え方は明らかに間違っています。

長くこの世に生き続けたい人は、医学も日進月歩ですから、大いにその恩恵を受けられ、自身も健康に気をつけて長寿を全うされるのがいいでしょう。

また、反対に、自分は十分生きたが、この労苦・病苦、また家族の苦労を見ているのは耐えられないという人もいるでしょう。この世にあり続けるのは身心の苦痛でしかない、そろそろこの身の終わりにしたいという人もあるでしょう。

いただいた自分の身の長短を自己中心の思いで決めることは許されません。例えば、自分の人生が面白くない、生きていてもいいことがない（その時はそう思っても、自分の人生の展開は自分でもわからない）と決めつけ、自ら死を選ぶ人。死にたいけれども自分では死ねない、他の人を殺して死刑になりたいという人などは、最もひどい考え方です。

しかし、もう十二分に生きた。身心の苦痛も耐えがたい、その上に世話をしてくださる人のことを考えると申し訳ない。この世の人生をもう終わりにしたいという人の思いも聞いてくださるのが「修短自在ならんをば除く」の意であります。

③ 実母の死

二〇〇七（平成十九）年九月七日に私の実母（釈聞志）は九十二歳の人生を終えました。私の実父（釈徹詳）は一九四三（昭和十八）年十一月、一歳と四カ月の私と実母を残して病死しました。それは実母が二十八歳のことです。

実母の本当の苦労はそれから始まりました。二歳にならない私を抱えて戦争の真っただ中、大阪の下町の寺を女手一つで護るのはどれほど大変であったか、私には想像すらできません。

結局、私を実母の里の岐阜の農家に預けて、母はお寺を護持していました。母はそんな中で、「このお寺がなかったら」と何度か思ったそうです。そのお寺が一九四五（昭和二十）年六月に戦火で全焼しました。それからは「お寺が無事に建っている夢」を何度も見たと言っていました。

敗戦後、伯父（大谷派住職）の世話で再婚し、お寺の復興で苦労しました。

私の実母は三男三女の五番目でしたが、長男・次男・次女の三人が大谷派（お東）の住職、坊守となり、どういうご縁か（きっと伯父の世話だったと思いますが）本願寺派（お西）の寺に縁があったのです。

私が大阪に連れ戻された時は、お寺のあったすぐ近くの長屋住まいでした。五歳下の妹と十一歳下の弟が生まれ、三人の子を抱えて養父・実母は大変な苦労をしながらお寺の復興をしました。完成は私が中学一年生の頃だったと思います。

戦火でほとんど焼け野原になった当時の大阪の下町の生活は本当に貧しいものでした。そんな中で、三人の子を育ててお寺を整備していくのに、実母は筆舌に尽くせない苦労をしたと思います。人情の厚い大阪の下町の隣近所、門信徒の人たちの支えの中で、実母はいつも笑顔でした。長男である私の成長を何より楽しみにしてくれたと思います。その私が大学院博士課程を中退した二十九歳の時、養父との仲がしっくりいかず家出同然で広島の寺に入寺しました。

私が寺を出る時、見送ってくれたのは実母一人でした。「身体に気をつけてな」と実母の一言、それに対して私も「お母ちゃんも身体に気をつけてな」と言っただけです。

実母のあの時の胸中を今頃になってあれこれとよく思います。

それからも苦労は絶えなかったと思います。養父は実母が亡くなる五年前になくなりました。実母は九十歳の頃までは元気で、折り紙のようなことをいつもしていました。私が年に数回大阪のお寺に布教で出講した時に、実母の顔を見に実家の寺に帰ると、いつも「お前、ご門徒の○○さん覚えてるか」、「婦人会の○○さんのこと覚えてるか」と、名前は変わりますが、お寺によく出入りしてくださった人のことを言いました。私はその都度「よう覚えてる」と答えると、「○○さんは亡くなったよ」と答えるのです。晩年は顔を合わせる度に同じ会話です。

少しうんざりしましたが、実母は「親しい人が亡くなっていくことが寂しかったんだな」と、今頃になって気づく鈍い私です。その母が数カ月の入院で亡くなりました。妹や弟に「どんな具合や」と電話で聞くと、「入院してから目も口も閉じ、一切食べることも飲むことも拒否している」と。「どうしてか」と問うと、実母は「もういい」と言って点滴だけで生きているというのです。

私はその頃不摂生で心筋梗塞になり、その直後に両目の眼底出血で目がほとんど見えない状態でしたので、妻に手を引かれ、大阪に行きました。

　病室で久しぶりに実母に遇いました。目を閉じ、口もふさいでいました。私は実母の手をしっかり握り「お母ちゃん、僕やで、わかるか」と言いますと、二、三度頷いて、小さな声で「わかってる」と言います。

「お母ちゃん、食べるものを食べ、飲むものは飲まないかんで」と言いますと、妹や弟から聞いていたように「もう、いいねん」、「もう、いいねん」と二度答えました。

　そして一カ月ぐらいして「実母の死」の連絡が弟からありました。しかし私の身体の状態は最悪で、息子に頼み、私はお葬式にも出られませんでした。

　実母は自分の人生を精いっぱい生き、恵まれた「いのち」を生ききったのだと思います。私は、実母の死を思い出す度に、第十五願の「修短自在ならんをば除く」のお言葉を思います。

　どちらにしても、この世に誕生させてもらったこの身（肉体）には終わりがきます。身命は終っても、私の恵まれた寿命（いのち）は「限量ならん」ということです。

　他の人の目には確認できなくなりますが、わが寿命（いのち）は、何ものにも障えられることのない広大無碍の世界（浄土）を自在に生きるのです。

第十五願は、念仏行者には、必ず限量なき寿命（いのち）を実現してやろうという阿弥陀仏の誓いなのです。

三、離諸不善の願（第十六願）

たとひわれ仏《ぶつ》を得《え》たらんに、国中《こくちゅう》の人天《にんでん》、乃至不善《ないしふぜん》の名《な》ありと聞《き》かば、正覚《しょうがく》を取《と》らじ。

（一八頁）

①「乃至」について

「乃至」は、一般に「前とあと、上と下、多と少だけをあげて中間を略す意を表す」言葉です。

親鸞聖人は「乃至」を四通りに使われています。まず『教行証文類』「行巻」に、

㋐　乃至《ないし》とは一多包容《いったほうよう》（一も多も含み容れる）の言《ことば》なり。　（一八八頁）

とあり、「信巻・本」には、

㋑　一切《いっさい》の群生海《ぐんじょうかい》（われら）、無始《むし》（永遠の昔）よりこのかた乃至今日今時《ないしこんにちこんじ》に至《いた》るまで、穢悪汚染《えあくわぜん》（煩悩罪悪にけがされている）にして清浄《しょうじょう》の心《しん》なし、虚仮諂偽《こけてんぎ》（いつわり、へつらい）にして真実《しんじつ》の心《しん》なし。　（二三一頁）

㋒　まさしく如来《にょらい》（阿弥陀仏）、菩薩《ぼさつ》の行《ぎょう》を行《ぎょう》じたまひし時《とき》（法蔵菩薩）、三業《さんごう》（身業・口業・意業）の所修《しょしゅ》、乃至一念一刹那《ないしいちねんいっせつな》も、疑蓋《ぎがい》（利他心を覆い隠す疑い。自利のみの心）雑《まじ》はることなきによりてなり。　（二三五頁）

とあります。そして『浄土文類聚鈔』に、

㋓　『経《きょう》』（大経）に「乃至《ないし》」といふは、上下《じょうげ》を兼《か》ねて中《ちゅう》を略《りゃく》するの言《ことば》なり。（四七九頁）

とあります。㋐と㋓は『無量寿経』の第十八願にある「乃至十念せん」の「乃至」のご解釈ですから、ここでは㋑と㋒の「乃至」のご解釈を参考にさせていただきます。特に㋑は「乃至不善」を詳しく示していてくださるご文だと思います。

②「不善」で苦しむ凡夫（われら）

「不善」は「好ましくないこと」ですが、「悪」といってもいいと思います。「乃至」でいただいた㋑に「不善」の期間とあり方が明かされています。

㋐「不善」の期間は、「無始より」～「今日今時」（生かされているこの身の今）に至るまでです。

㋑「あり方」とは、「穢悪汚染にして清浄の心なし、虚仮諂偽にして真実の心なし」であります。

親鸞聖人は阿弥陀仏の真実心に遇った（信心）自らのあり方を、

まことに知《し》んぬ、悲《かな》しきかな愚禿鸞《ぐとくらん》（親鸞）、愛欲《あいよく》の広海《こうかい》に沈没《ちんもつ》し、名利《みょうり》の太山《たいせん》に迷惑《めいわく》して、定聚《じょうじゅ》の数《かず》に入《い》ることを喜《よろこ》ばず、真証《しんしょう》の証《さとり》に近《ちか》づくことを快《たの》しまざることを、恥《は》づべし傷《いた》むべしと。

（『教行証文類』「信巻・本」二六六頁）

浄土真宗《じょうどしんしゅう》に帰《き》すれども
真実《しんじつ》の心《しん》はありがたし
虚仮不実《こけふじつ》のわが身《み》にて
清浄《しょうじょう》の心《しん》もさらになし

（『正像末和讃』「悲歎述懐讃」六一七頁）

と悲嘆されています。

私たちは、自分が、今どのような場に住み、毎日どのような生き方をしているのかも気づいていません。自分を見失っていることが、私たちの最大の不幸です。

あの時、この身が、あんなことをしたために、今の苦しみ悩みがあると後悔されたことはありませんか。私には何度もあります。

あの人に、この口であんなことを言わなければ、自分は今こんな酷いことを言われな

かったろうと思われたことはありませんか。私には何度もあります。

あの場で、わが意《こころ》があのようなことを考えたのだから、今、他の人に恨まれても言い訳ができないと思ったことはありませんか。私には何度もあります。

「あなたも煩悩具足の凡夫でしたね」と、お釈迦さまを悲しませるお粗末な私たちは、自らの「不善」の行為・行動（身・口・意の三業）で、苦悩の種をまいて、自分で自分の始末がつかなくなっているのです。

「確かにそうかもしれませんが、時には〈善〉を行うこともある」と言う人がいます。しかし、私たちの行為・行動には、阿弥陀仏のように「一念一刹那も疑蓋雑はることなき」ということはありません。

他の人のためにと自分では思っていても、無意識に「自分の利」を考える念いが入っています。そのことに自分で少しでも気づけば、今のあり方から抜け出す道が見えてくるのですが、自分で自分の内面に気づくことは至難のことです。

親鸞聖人は、私たちの行っている「善」は「自分の利」を思う意が雑じり込んだ「雑

毒の善」であると言われました。『正像末和讃』「悲歎述懐讃」で、

悪性《あくしょう》さらにやめがたし
こころは蛇蝎《じゃかつ》（へび、さそり）のごとくなり
修善《しゅぜん》も雑毒《ぞうどく》なるゆゑに
虚仮《こけ》の行《ぎょう》とぞなづけたる
（六一七頁）

と親鸞聖人は悲歎述懐されています。

私たちは、つらいこと、苦しいことがあると、すぐに「他の人の所為」にすることが多いのですが、本当は自分自身の「不善」（悪）の行為・行動が原因になっていることが多いのです。そんな自身のあり方に気づかず苦悩している私たちを、「不善の名」すらない世界（浄土）を生きる身にしてやりたいというのが、第十六願に込められた阿弥陀仏の誓いなのです。

あとがき

多くの方々（同行・友・先輩・後輩・師・親等）にお育ていただいた私の結晶が、本書です。私は、み教えを聞かせていただいた人の言葉に、その場で素直に頷いたことはありません。自分で納得できないことはとことん質問しました。

そんなことで、叱ってくださる人も、叱られた回数も、人一倍多かったと思います。そして叱ってくださる方に、私はいつも可愛がってもらいました。私は誰よりも恵まれたご縁の中で、お聞かせに遇ってきました。気づいてみたら、お育てくださった方々の大半はご逝去され、今はお目にかかることができません。若い若いと思っていた私が、後期高齢者の仲間入りをしました。

私のこれからできることは、今日までお育ていただき、私なりに「本当にそうだ」と頷かせてもらった領解を、少しでも、若い人に語り継いでおくことです。

語りたいことは、この身にいっぱいありますが、何と言っても、親鸞聖人が「真実の教、浄土真宗」と明らかにしてくださった『大無量寿経』の、

釈迦《しゃか》、世《よ》に出興《しゅっこう》して、道教《どうきょう》を光闡《こうせん》して、群萌《ぐんもう》を拯《すく》ひ恵《めぐ》むに真実《しんじつ》の利《り》をもってせんと欲《おぼ》すなり。ここをもって如来《にょらい》の本願《ほんがん》を説《と》きて経《きょう》の宗致《しゅうち》とす、すなはち仏《ぶつ》の名号《みょうごう》をもって経《きょう》の体《たい》とするなり。

（『教行証文類』「総序」一三五頁）

のお言葉をまずいただき、「経の宗致」（経典の最も肝要なこと）である「本願」をいま一度この身に刻み込みたいという思いと、それがせめてものご報謝になればという念いです。編集・助言等を山口の佐竹隆弘師に大変ご苦労をかけました。

出版に当たっても、探究社様にいつもお世話になり心より深謝します。合掌

二〇一六年十二月　毛無山の月光の下で

藤田徹文

追伸

上巻は第一願～第十六願でしたが、
中巻に第十七願～第三十願を
下巻に第三十一願～第四十八願までを
一年に一巻ずつのペースで出版したいと願っています。南無

著者略歴

藤田徹文（ふじた　てつぶん）

1941年大阪市に生まれる。龍谷大学大学院（真宗学専攻）修了。

基幹運動本部事務室長。浄土真宗本願寺派伝道院部長・主任講師を経て、現在、備後教区光徳寺前住職。本願寺派布教使。著書に『人となれ仏となれ―四十八の願い―全七巻』『仏さまのお話―少年・少女のための仏教読本―』（永田文昌堂）、『わたしの信心』『念仏一つ』『生まれた時も死ぬ時も』『聞光力』『現世利益』『往生極楽』『声を出して正信偈』（探究社）、『やさしい正信偈講座』『シリーズ「生きる」全六巻』『はじめて仏教を聞く人のための十三章』（本願寺出版）、『正信偈の学び方』（教育新潮社）、『わたしの浄土真宗』（法藏館）、『信心定まるとき往生また定まる』（探究社）、『聞こえた』『夢と死』（探究社）ほか多数

四十八願を語る（上）（一願～十六願）

二〇一七年十月二十日　初版印刷

二〇一七年十月三十日　初版発行

著　著・藤田徹文

発行者・西村裕樹

発行所・株式会社　探究社

〒600―8268

京都市下京区七条通大宮東入大工町124－1

電話・〇七五・三四三・四一二一（代）

振替・〇一〇三〇―六―二一一八五

印刷・製本・株式会社　大気堂

乱丁・落丁はお取り替えいたします。

ISBN978-4-88483-986-4　C0015

わたしの浄土真宗入門	藤田徹文	九五三円
わたしの歎異抄入門	藤田徹文	一六〇〇円
この世の利益きわもなし	藤田徹文	二〇〇〇円
蓮如上人のお言葉	藤田徹文	四〇〇〇円
浄土の人民娑婆を生きる	藤田徹文	一九〇〇円
総代・世話人教本	藤田徹文	六〇〇円
聞光力―いのちに遇う	藤田徹文	一四〇〇円

探究社　（税別）